JN138013

マルタ

Republic of Malta

伊藤ひろみ【写真・文】

地中海楽園ガイド

彩流社

断崖絶壁が続くディングリ・クリフ。海の向こう、かすかに見えるのがフィルフラ島

要塞に囲まれたヴァレッタ。シージベル近く、海上からの眺め

マルタストーンに赤いバルコニーが際立つ

バルコニーが織りなす独特の景観

どこまでも澄んだ青い海。潮風に吹かれ、
波の音を聞きながらのんびり過ごす午後

マルタらしいドレス姿の少女。
カーニバルにて

復活を祝うイースターのプロセッション（行進）

敬虔なカトリック信者の国。窓辺や玄関先にキリストやマリア像を飾る家屋が多い

はじめに

「へー、マルタって英語を話す国なんだ」私が初めてマルタを知ったのは、語学留学のパンフレットを見てのこと。アメリカやイギリス、オーストラリアなどと並んで、マルタの語学学校が紹介されていました。他の国々と比べて、ほんの少しだったけれど。

以来、気になっていた国のひとつになりましたが、とりたてて縁がないままでした。背中を押すきっかけになったのは、旅行関係のイベント。たまたまマルタのブースに立ち寄り、ついその気になってしまったのです。「よし、マルタに行くぞ！」

最初の訪問は、語学学習＋観光で1か月弱の滞在でした。当初の主な目的は英語を学ぶほうで、「しっかり勉強しよう」と考えていたのです、殊勝にも。それに、「こんな小さな島、3日もあれば見るべきものは見終えてしまうはず」と考えていました。しかし実際に現地に足を運んでみると、観光のほうにどんどん心が傾き始めて……。地中海リゾートならではの魅力的な景色はもちろん、実に奥が深い国だと気づくのに、それほど時間はかかりませんでした。

まずは、なんといっても歴史的スケールの大きさ。その誕生が紀元前3000年とも4000年とも言われる巨石神殿、中世に活躍した聖ヨハネ騎士団の影響力、第二次大戦の傷跡など、世界史を俯瞰させるような場所をあちこちにあったのです。さらに、暮らしの中に根づいている宗教（カトリック）の力にも驚かされました。くしくも、訪ねた時期がイースター前とあって、関連イベントが目白押し。教会へ出向いたり、宗教行事を見学したりする機会にも恵まれました。

お世話になったホームステイ先の隣が教会だったというのも、今から思えば、偶然だったのか必然だったのか。いずれにせよ、マルタの人々とその生活の中に、カトリックが色濃く反映していることを知り、がぜん興味を惹かれたのです。

人口43万人の国に、来島する観光客は年間２００万人以上。ヨーロッパ各国からはもとより、アジア、中東、アフリカ、中南米と、世界中からマルタを目指してやって来ます。語学学校においても、多様な国籍やバックグラウンドを持つ学生が集い、英語を学んでいるのです。東京23区の半分ほどの面積という小さな国が、とってもインターナショナル。マルタで世界の人々と会える、話せる、親しくなれる！

初めてのマルタにして、すっかりファンになった私。一度目の訪問は、やりつくせなかったことを山ほど残し、後ろ髪をひかれる思いで帰国しました。そのせいか、また行きたい病（?）を患ってしまい、翌年に再び訪問。そして、また訪問と繰り返し……。

そんなマルタの魅力を、この本でめいっぱいお伝えしましょう。パート1は、エリア別マルタの観光情報。パート2は、さらにマルタを楽しむために、語学学校やおすすめのアクティビティについてご紹介します。パート3は、巨石神殿や騎士団などについての歴史関連の情報に加え、島の人々の暮らしをのぞいてみた私の経験をもとに、リアルなマルタの日常をまとめました。

すでに、マルタへ行ったことがある方にとっても、あるいは、これからマルタに行きたい方にとっても、その思いを、さらに強く、さらに深めていただけることを願ってやみません。

さあ、マルタの旅へご一緒に！

もくじ◉マルタ——地中海楽園ガイド

Part3　もっともっと知りたいマルタ

（注意）本書のデータは2019年1月現在のものです。ウェブサイトなどで最新の情報を確認してください。

博物館などの見学施設は閉館時間の30分～1時間前までに入館が必要です。

ミサや宗教行事の時間は、教会内の見学できないこともあります。

ヴァレッタ Valletta

イムディーナ＆ラバト Mdina & Rabat

スリーシティーズ The Three Cities

セントジュリアン＆スリーマ St. Julian's & Sliema

マルタ島のマリンリゾートとその他エリア Marine Resorts

ゴゾ島 Gozo Island

コミノ島 Comino Island

Part 1
もっともっと見たいマルタ

要塞に囲まれた世界文化遺産都市

ヴァレッタ　Valletta

マルタを訪れたら、まず目指したいのが首都ヴァレッタです。ここは、16世紀に十字軍の一団、**聖ヨハネ騎士団**（のちのマルタ騎士団）によって築かれた要塞都市。マルタストーンと呼ばれるハチミツ色の石灰岩で造られた建物が並び、強固な堡塁《ほうるい》や城壁に囲まれているのが特徴です。ヴァレッタの街全体が1980年、**世界文化遺産**に指定されました。聖ヨハネ大聖堂や騎士団長の宮殿など見どころが多く、一年中、世界各地から訪れる観光客で賑わっています。対岸のスリーマやスリーシティーズが一望できる景色も素晴らしく、ゆったり時間をかけて観光したいところ。2018年には、**欧州文化首都**として各種文化行事が開催されました。

ヴァレッタの歴史の転換点は、聖ヨハネ騎士団の来島にさかのぼります。それまで居場所を転々としていた騎士団でしたが、ローマ帝国皇帝からマルタの地を与えられたのが1530年のことでした。騎士団はヴァレッタの対岸、**ビルグ**に居を構えます。1565年、オスマントルコ軍との戦い、**グレートシージ**に激戦の末、勝利。翌年、当時の騎士団長だったジャン・パリゾ・ド・ラ・ヴァレットは、さらに強固な要塞都市の建設に向けて、本格的にヴァレッタの町づくりに着手します。この騎士団長の名に由来し、ここがヴァレッタと名づけられました。町の特徴は、街路が碁盤の目のように縦横に走っていること。町全体が起伏に満ちているため、**坂が多い**こと。甲冑《かっちゅう》を来た騎士たちが歩きやすいようにと、坂を上り下りする階段の段差も小さく作られています。

聖ヨハネ騎士団　エルサレム（イスラエル）で創設されたキリスト教奉仕団体。P123参照。

世界文化遺産　マルタにはヴァレッタ市街地、ハル・サフリエニ地下墓地、巨石神殿群の3つがある。

欧州文化首都　欧州各国の文化理解と交流を目的に1985年に創設。2018年はとオランダのレーワルデンとの2都市。

ビルグ（Birgu）　スリーシティーズの一つ。現在の名

メインゲートの前の広場にあるのが、ギリシャ神話の海の神、トリトンを配した円形の噴水。すぐそばには巨大なバスターミナルがあり、バスを乗り換える乗客のほか、待ち合わせをする人の姿も目立ちます。メインゲートの先はリパブリック広場。ここから、半島の先端にある聖エルモ砦《とりで》までまっすぐ続く通りが、ヴァレッタのメインストリート、リパブリック通りです。右手に見えてくるのが、ロイヤルオペラ劇場跡。第二次世界大戦時、ドイツ軍の攻撃で破壊され、何本かの列柱と建物の一部が残っただけになってしまいました。この負の遺産をめぐって、何度も再建の計画が持ち上がったそうですが、歴史の証として、今も当時のままの姿で残されています。

観光客がひっきりなしに行き来するリパブリック通り。中でも、メインゲートから騎士団長の宮殿あたりまでが最も賑やかなエリアで、飲食店、ブティック、おみやげもの店などが軒を連ねます。老舗のカフェ、**コルディナ**もこの通りで営業中。通りを隔てて右側には国立図書館、その前には、マルタのレースで縁どられたドレス姿のヴィクトリア女王像が立っています。騎士団長の宮殿前は、野外イベントなども催される聖ジョージ広場。付近の通りでは、ストリートミュージシャンや大道芸人たちが音楽やダンスなどを披露し、観光客を沸かせてくれています。

外観は地味、でも中は豪華絢爛な聖ヨハネ大聖堂

聖ヨハネ大聖堂は、1577年、聖ヨハネ騎士団の守護聖人ヨハネを称えるために建造されました。質素な外観とは異なり、豪華な室内装飾には驚かされます。中央の祭壇や柱などに施された金箔や大理石、ドーム型の天井に描かれたヨハネの生涯など、見るものすべてを圧倒します。

称はヴィットリオーザ。かつてビルグと呼ばれていたため、今もその名で呼ぶ人が多い。

グレートシージ（大包囲戦）1565年に起こったオスマントルコとの戦い。マルタの歴史上、最も重要な戦いとされている。P124参照。

坂が多い ヴァレッタは徒歩で観光できるが、歩きやすい靴でまわるのがおすすめ。

カフェ・コルディナ（Caffe Cordina）http://www.caffecordina.com

行き来する人が絶えないリパブリック通り

ロイヤルオペラ劇場跡

メインゲートを抜けると、右手には国会議事堂、さらにロイヤルオペラ劇場跡へと続く

ヴィクトリア女王像。後ろは国立図書館

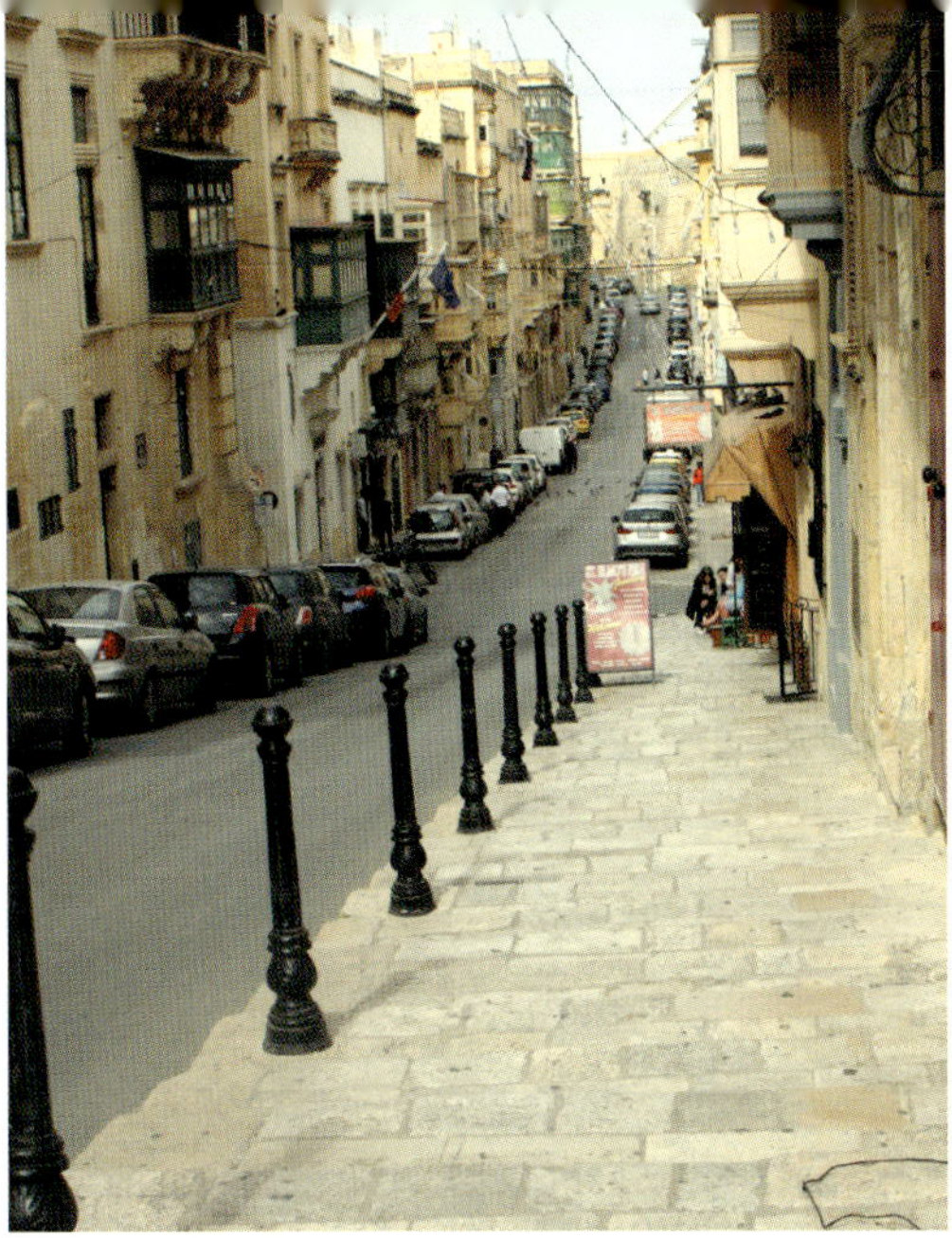

歩道は階段状になった坂道が多いヴァレッタ

（上）トリトンの泉
（下）観光客用の馬車（カロッチン）

（上・下）パフォーマーたちで賑わうリパブリック通り

さらに注目したいのは、床を埋め尽くている400枚もの墓標。描かれているのは騎士たちの墓碑銘や家紋など。当時、騎士たちはその出身によって、ドイツ、イタリア、フランス、プロヴァンス、アラゴン、イングランド、オーベルニュ、ポルトガルとカスティーユの8つのグループで構成されていました。そのため、左右両側には、グループごとに8つの礼拝堂があります。各礼拝堂には、歴代の騎士団団長や活躍した兵士など、英雄たちの絵画や彫像などが飾られています。ちなみに、8つの尖角を持ったマルタ十字は、これら騎士団をイメージし、デザイン化されたもの。柱や梁など堂内の至るところで、このマルタ十字が輝きを見せています。さらに、上階に上がってみると……。天井画の聖ヨハネがぐっと近くに迫り、高い位置にある装飾の細部もより鮮明に見え、階下からとは異なる雰囲気を味わえます。まさに、どこから見ても豪華絢爛の大聖堂。騎士団が、いかに富と権力を有していたかを物語っているようです。

　附属美術館も必見の場所。マルタに逃れてきたルネサンスの画家、**カラヴァッジョ**の二作品が展示されているからです。イタリア出身のカラヴァッジョが、ローマで殺人事件を犯し、逃亡。騎士団長に呼ばれ、1607年ヴァレッタへと渡って来ます。マルタで騎士団員になると同時に、画家としてのさらなる力を発揮し始めます。この地で最初に描いた作品は「聖ヒエロニムス」。左方向から光があたり、上半身裸の肉体がまるで生きているよう。孤独や苦悩がにじみ出ている顔面、インク壺、石、ペン、帽子などいずれをとっても驚くほどリアルに描かれています。「聖ヨハネの斬首」は、彼がマルタで生み出した圧巻の大作です。斬首する男の肉体美、独特の表情を浮かべるまわりの人たち、窓からその様子を覗いている人物も意味深です。さらに注目は、首

聖ヨハネ大聖堂
（St. John's Co-Cathedral）ヴァレッタの主要な建築物を手がけたイタリア人建築家、ジェローラモ・カッサールの設計。天井画はマティア・プレッティの作品。入場チケットは美術館と共通。見学にはリパブリック通り側にある入口から。日本語のオーディオガイドあり。

カラヴァッジョ
（1571～1610）本名ミケランジェロ・メリシ。後世に多大な影響を残した天才画家。数々の傷害事件を

から流れ出る血で書かれたカラヴァッジョの署名。彼がその名を書き残したのは、この作品のみという貴重なものだそうです。光と影のコントラスト、細やかで写実的なディテールなど、天才ぶりが随所にあらわれています。「この絵画に出会えただけでも、マルタに来てよかった！」そう思わせてくれる不思議なパワーを秘めた作品でした。

騎士団時代の面影をしのんで

騎士団長の宮殿は、歴代の騎士団長の公邸であり、重要な会議などが開かれたところ。現在は大統領府として使用されていますが、その一部が公開されています。ネプチューン像がある中庭を抜け、建物内部へ。2階の廊下に上がると、目に飛び込んでくるのが、天井画と床を埋め尽くす大理石の文様。また、騎士団長や著名人などの肖像画のほか、騎士たちが身につけた本物の甲冑も並んでいます。巨大なタペストリーが壁面を覆う審議の間、赤で覆れた大使の間など、各部屋はまさに豪華で威厳を感じさせる造り。最高審議の間に飾られた12枚のフレスコ画はグレートシージの激しい戦いぶりを物語っています。別棟の**兵器庫**は、槍や大砲など6000点もの兵器や武具を展示していて、騎士団時代の軍備を示す貴重な資料となっています。甲冑に身を包んだ騎士の人形たちが、今にも動き出しそうな迫力にドキリ。中には、重さ50キロ以上もある金メッキの甲冑も。防御に加え、権威や富も象徴していたのかもしれません。

さらに、聖ヨハネ騎士団の足跡をたどるべく、**聖エルモ砦**まで行ってみましょう。かつては小さな砦があったに過ぎませんでしたが、騎士団時代に現在のような強固な姿へと変貌をとげます。

起こすなど、波乱の人生を送った。マルタでも騎士を負傷させるなどし、結局騎士を除名される。投獄された聖アンジェロ砦を脱獄し、シチリアへ逃亡。

騎士団長の宮殿（Grandmaster's Palace）ジェローラモ・カッサールの設計。長いバルコニーも必見。入場チケットは兵器庫と共通。

兵器庫（Palace Armoury）

聖エルモ砦（Fort St. Elmo）

きらびやかで美しい内部装飾の聖ヨハネ大聖堂

(上) 床一面に敷き詰められた騎士たちの墓標
(下) カラヴァッジョ圧巻の大作「聖ヨハネの斬首」

柱や天井など堂内のあちこちで、
マルタ十字が輝きを見せている

騎士団長の宮殿内部の廊下。天井が高く、豪華な造り

兵器庫には武器などが並び、リアルな姿の兵士も立っている

美しい庭を持つ騎士団長の宮殿

（上）マルタ随一の長さを誇るバルコニー
（下）カフェでくつろぐ観光客

激しい戦いの最前線として、ここで多くの騎士たちが犠牲になったグレートシージ。さらに第二次世界大戦では、ドイツやイタリアからの攻撃を受けました。こうした悲劇を伝える場として、砦内にあるのが**国立戦争博物館**。とりわけ後者の戦いについての資料が数多く残されています。現在の状況からは想像を超えた島の姿を映し出す映像資料や記録写真の数々。つらく悲しい時代を経て今に至るマルタの歴史を実感させられます。大戦中、英国王のジョージ6世から授かったのが、**ジョージクロス**の紋章。ともに苦難を戦った証として、マルタ国民に贈られたものです。

国立戦争博物館のすぐそばの広場では、**インガーディア**が見物できます。これは、騎士団時代に行われた隊列や訓練の様子などを再現したもの。50名を超える演じ手が、当時の衣装を模した姿で登場します。その多くがボランティアだとか。待ち時間に声をかけると、気軽に写真撮影に応じてくれました。騎士団時代の名残りとして、ヴァレッタには、いくつかの**オーベルジュ**が残っています。現在**首相官邸**として使用されているのが、元ポルトガルとカスティーユのオーベルジュ。かつてのプロヴァンスのそれは、現在、国立考古学博物館として使用されています。

カーサ・ロッカ・ピッコラは、16世紀に建てられた貴族の館ですが、現在もその末裔が暮らすお屋敷です。その総室数が50にも及ぶという大豪邸。その一部は、ガイド付きのツアーとして見学できます。家具や装飾品、絵画などが並べられた部屋は、いずれをとってもため息が出るほど贅沢な雰囲気。居間や寝室、書斎、ダイニングルームなどのほか、礼拝堂までありました。中庭から地下へつながる階段を下りると、そこには大きな空間が。戦時中に身を隠すシェルターとしてだけでなく、貯水用の施設としても活用されたところ。こちらも必見です。

国立戦争博物館（National War Museum）

ジョージクロス 赤×白2色のマルタ国旗の左上角に描かれている。

インガーディア 日曜11：00～ 約40分のパフォーマンス。毎週ではなく、開催日は月によって異なるため要確認。

オーベルジュ 騎士団ごとに造られた騎士たちのための宿泊施設。

首相官邸 普段は見学不可。博物館などの見学施設が

うっかりしていると入口を見落としてしまいそうになるくらい目立たない建物ですが、由緒ある**マノエル劇場**。1731年、騎士団長マノエル・ド・ヴィレーナが騎士たちのために建てたもので、ヨーロッパで3番目の古さを誇ります。周囲4層のバルコニー席を含め、座席数は約600。こじんまりした劇場ながら、外からは想像もつかないほど豪華です。訪ねた日は、ちょうどミュージカルのリハーサルの真っ最中でした。週末からの公演が予定されているようで、本番さながらの力の入れよう。ほんの数分ですが、観客席からその様子を楽しむことができました。付属の博物館には、古い道具や衣装、出演者のポートレートなども展示されています。

謎がいっぱい、ヴァレッタの地下施設

リパブリック通りで謎のブース発見！ 気になって尋ねてみると、2018年3月から新しく公開された3つの施設の窓口でした。そのひとつの入り口がすぐ脇にあり、狭い階段を下りて行くと、大きな空間が……。植物の根が地下深く伸びて室内を覆いつくし、暗くてなんだか異様な雰囲気。目を凝らして上部をよく見てみると、空気口もあるようです。他の部屋へと続く地下通路入口も確認できました。残念ながら、それ以上は公開されていませんが、どうやらこの先にも何かがありそう。カーサ・ロッカ・ピッコラで見学した地下施設と同様、もともとここは騎士団時代に造られた貯水池。同じ場所が時代を下ると、1000人近くもの人を収容できる防空壕として使用されたのです。ヴァレッタで最も人通りの多いリパブリック通りの下に、こんな場所があったとは……。どうやらヴァレッタの地下は、まだまだ多くの謎を秘めているようです。

夜遅くまで一般公開されるノッテビアンカには、内部が見学できる。

カーサ・ロッカ・ピッコラ（Casa Rocca Piccola）見学はガイドツアーのみ。毎時00分スタートで約50分間。

マノエル劇場（The Manoel Theater）ガイドツアーあり。観覧のためのチケットは建物内にあるチケットブースのほか、www.teatrumanoel.com.mt からも入手可能。

インガーディアでは、銃や剣を使った訓練の様子も再現する

インガーディアの演じ手たち

カーサ・ロッカ・ピッコラのダイニングルーム

（下）ヴァレッタの地下施設。第二次大戦時は、シェルターとして使用された

豪華な内装の劇場内。シャンデリアも輝いている
（左上）オールド・シアター通りに面したマノエル劇場

もうひとつ。すぐそばで見つけたものは、**ダフネ・カルアナ・ガリチア**さんの遺影でした。彼女は、2017年10月、マルタで殺害されたジャーナリスト。事件の真相を解明すべくダフネ・プロジェクトも動き出しています。この一連の出来事に関して、国内外でさまざまな見方や意見があるようですが、マルタで一人の女性が何者かに殺されたというのはまぎれもない事実。広場前の遺影に、花を手向ける人の姿が印象的でした。

海を眺める、公園を散策する

町歩きに疲れたら、ちょっと一息。ヴァレッタには、ガーデンと呼ばれている3つの公園があります。そのひとつが、**アッパー・バラッカ・ガーデン**。グランドハーバー側、深く切り込んだシベラス半島の湾奥にある公園です。高台の展望デッキから見渡せるのは、対岸にあるスリーシティーズのダイナミックな景色。ヴィットリオーザの聖アンジェロ砦、セングレアの監視塔ヴェデッテなどが目の前に迫ります。公園の真下の砲台から、12時と16時に大砲が一発放たれるので、時間に合わせて訪ねてみるのも一興です。またここは、知る人ぞ知る猫スポットのひとつ。食事をしたりお茶を飲んだりする人たちに混じって、何匹かの猫たちがお昼寝中でした。

アッパー・バラッカ・ガーデンを後にし、半島の外周道路を反時計回りに巡ってみましょう。しばらく行くと見えてくるのが、ゲートのひとつ、ヴィクトリア門。このあたりまで来ると人通りも少なく、のんびりしたムードです。海のそばでは、釣り糸を垂れる人の姿がちらほら。さらに歩みを進めると、かつてフィッシュマーケットとして使われていた古い建物を見つけました。

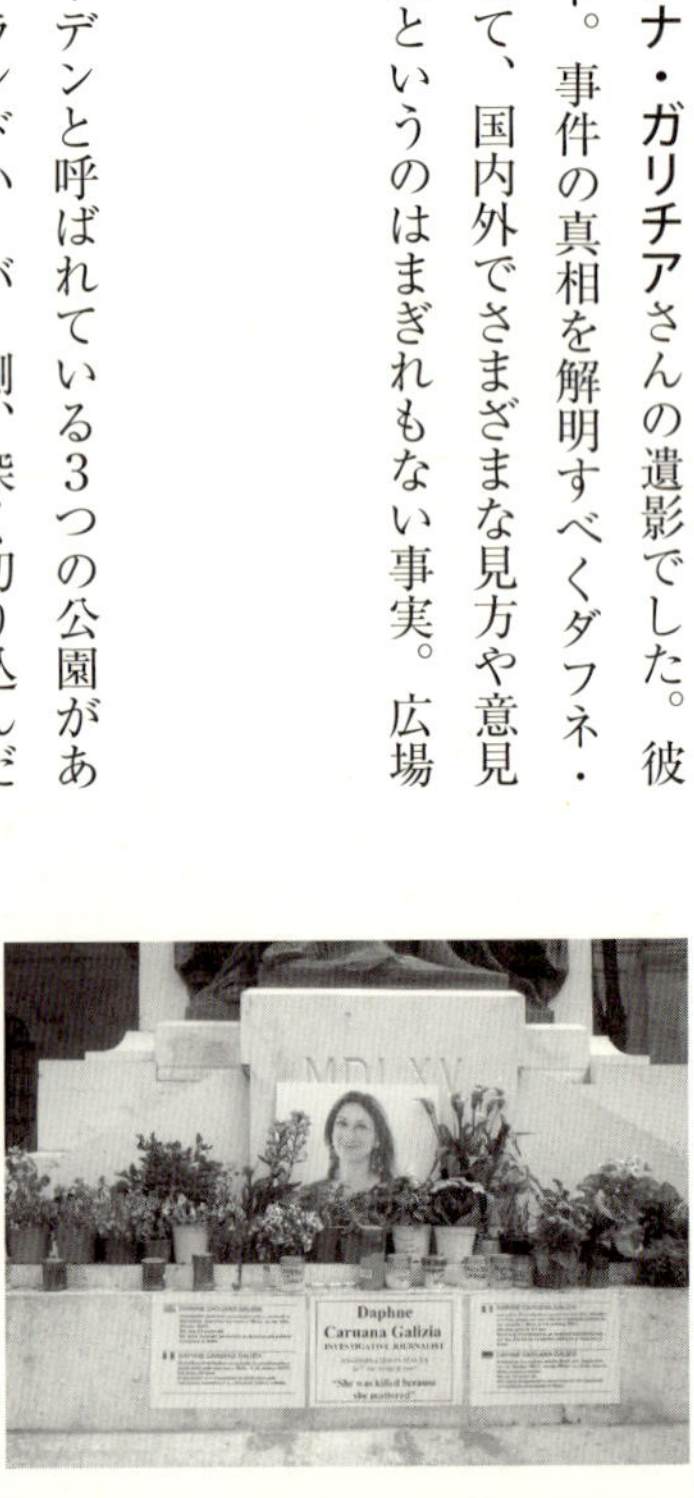

ダフネ・カルアナ・ガリチア　タックスヘイブンの実態を暴いたパナマ文書を巡る報道に参加し、政治汚職などを追及していた。マルタ島北部を走行中、車ごと爆破され殺害された。

1階と2階には、それぞれ30ほどの小部屋があり、各商店がここで取引をしていた様子が伺えます。ここを再生すべく、アーティストたちの作品を展示する計画がなされていると聞きました。

外周通りから眺めるヴァレッタは、まさに高い城壁に囲まれていることを実感します。**ロウワー・バラッカ・ガーデン**があるのも、カスティーリャ城壁の上。見上げるほどの高さに、展望デッキが見えてきます。公園内のギリシャ神殿のようなモニュメントは、ナポレオン軍に対する戦勝記念の碑。1798年、騎士団を追い出したナポレオン軍は、マルタを占領するものの、わずか2年で撤退してしまいます。この碑は、英国とともに戦った誇るべき歴史の証。マルタはその後、英国の統治下に入ります。ロウワー・バラッカ・ガーデンのすぐ目の前には、記念塔**シージベル**。海に突き出すように位置しているので、ここからの海の眺めも抜群です。

聖エルモ砦前には、**カロッチン**と呼ばれる馬車がお客さんを待っているようで、乗っていかないかと声がかかります。さらに、海沿いの道をマルサイムシェット・ハーバー側へまわってみましょう。聖エルモ砦を過ぎると、行き来する人も少なく、あたりも静か。バルコニーが並ぶマルタストーンの家屋は、住む人がいるのかいないのか、朽ち果てた建物も目立ちます。どこかの家屋から聞こえてきたギターの音色。海を見つめながら、ほっと一息つく時間となりました。

ヘイスティング・ガーデンは、ヴァレッタの喧騒から逃れたいときにおすすめの公園。対岸に広がるスリーマやマノエル島の景観も魅力的です。ここから見える空堀《からぼり》からも、城壁の迫力が感じられます。防壁や堡塁などが織りなす独特の景観を作り出すとともに、騎士団時代の名残りにあふれた町、ヴァレッタ。そんな姿を一目見ようと、今日も観光客たちが押し寄せています。

アッパー・バラッカ・ガーデン（Upper Barracca Garden）

ロウワー・バラッカ・ガーデン（Lower Barracca Garden）

シージベル（Siege Bell）1942年の第2次大包囲戦記念塔。

カロッチン マルタの主要観光地で足がわりとして利用されている観光客用の馬車。

ヘイスティング・ガーデン（Hasting Garden）

アッパー・バラッカ・ガーデンから望むヴァレッタの町並み。手前に見えるのがヴィクトリア門

アッパー・バラッカ・ガーデン内

対岸のスリーシティーズも一望できる

のんびり釣りを楽しむ人の姿も

シージベルからも美しい海の景色が広がる

温故知新。マルタの古都を訪ねて

イムディーナ&ラバト　Mdina&Rabat

私が最初にこの町を知ったのは、**ビルキルカーラ**のホームステイ先、リリーさん宅でのことでした。滞在初日、彼女の案内で2階のテラスにあがったとき、目に飛び込んできた小さな町並み。「あれがイムディーナよ」と指さすリリーさん。緑が広がる丘の上に、ひっそりと佇んでいたのです。ホームステイ先から、こんな魅力的な景色が見られるなんて、素敵！　そんなわけで、遠く離れた民家からでも見渡せるほど、小高い場所に位置していることを知りました。

マルタの古都、イムディーナ。ここは過去の長きにわたって、防衛上の重要な要でした。古くは青銅器時代に、さらにフェニキア人によって、この地に砦や壁が造られたと言います。さらに、ローマ人、アラブ人、ノルマン人などの支配を受け、アラゴンの時代に入り、町の整備が進んでいきました。マルタの都として栄えたこの町の転換点は、聖ヨハネ騎士団の来島です。グレートシージ以降、彼らはヴァレッタの町づくりに着手し、ここから首都を移転。かつてイムディーナに暮らしていた貴族や高僧などの多くは、ヴァレッタへ移り住むようになりました。それゆえ、オールドシティとも呼ばれるようになったのです。

イムディーナ散策を始めましょう。堀を渡す橋の向こうに見えてくるのが、バロック様式のりっぱな**メインゲート**。門の上部には、騎士団の紋章や聖人像が刻まれています。ゲートを抜けると、右手に見えてくるのが、**国立自然科学博物館**。マノエル・ド・ヴィレーナの邸宅だった館であり、

ビルキルカーラ（Birkirkara）マルタ島内陸部の町。

メインゲート
イムディーナに入る3つのゲートのひとつ。1724年ヴィレーナが建てたもの。ライオン像はヴィレーナ家の紋章。門の内側に3人の聖人像がある。

国立自然科学博物館
（National Museum of Natural History）正面にはヴィレーナの胸像がある。向かい側は観光案内所。

ザ・シャーラ・パ

英国統治時代は、病院として利用されたところだとか。庭先の足元にはマルタ十字の紋章。雨水をためておく水瓶も残っています。右の道を進むと見えてくるのが、**ザ・シャーラ・パレス**。かつては貴族の館でしたが、現在は人気のホテルとして営業しています。セントポール広場に出ると、イムディーナを代表する教会、**大聖堂**が目に飛び込んできました。存在感を示す二つの鐘楼。聖堂内部の床には、一面の墓標が敷き詰められています。金、銀がほどこされた室内装飾。聖パウロの難破風景を描いたフレスコ画が、ドーム型の天井を飾っていて、こちらも豪華。広場横にある大聖堂付属博物館には、絵画、彫刻、宗教儀式の道具などの文化財が展示されています。

美しい眺めとスィーツで癒されるひととき

城壁内の一番奥には、**堡塁広場**。マルタの景色がワイドに広がります。ブジッバやセントジュリアンの町並み、遠くにはヴァレッタらしきエリアも。天候が許せば、はるか彼方のシチリア島まで見渡せるのだそうです。一休みしながらこの景色を楽しむなら、広場の横にある**フォンタネッラ**のテラス席へ。ここはチョコレートケーキが評判のカフェ。今日も観光客がひっきりなしにやってきて、お店は大忙しのようです。一息入れたあと、再びイムディーナを歩きます。ブーゲンビリアが玄関先を彩っている素敵な家屋。通りの角や家屋の軒先にかかるランプも絵になります。この付近は路地が続き、いくつかは行き止まりになっていました。敵が侵入してきた際に、攪乱し、追い詰めることができるようにと、あえて計画されたもの。まさに迷路のようなつくりです。大聖堂の鐘の音でしょうか。静かな通りにこだまするように鳴り響いていました。

レス P108参照。

大聖堂（The Cathedral）マルタで最初に造られた聖堂。聖パウロの大聖堂とも呼ばれている。設計はロレンツォ・ガファ。現在の大聖堂は1705年に再建されたもの。

堡塁広場（Bastion Square）

フォンタネッラ（Fontanella）http://fontanellateagarden.com

広大な景色が広がるイムディーナ堡塁広場からの眺め

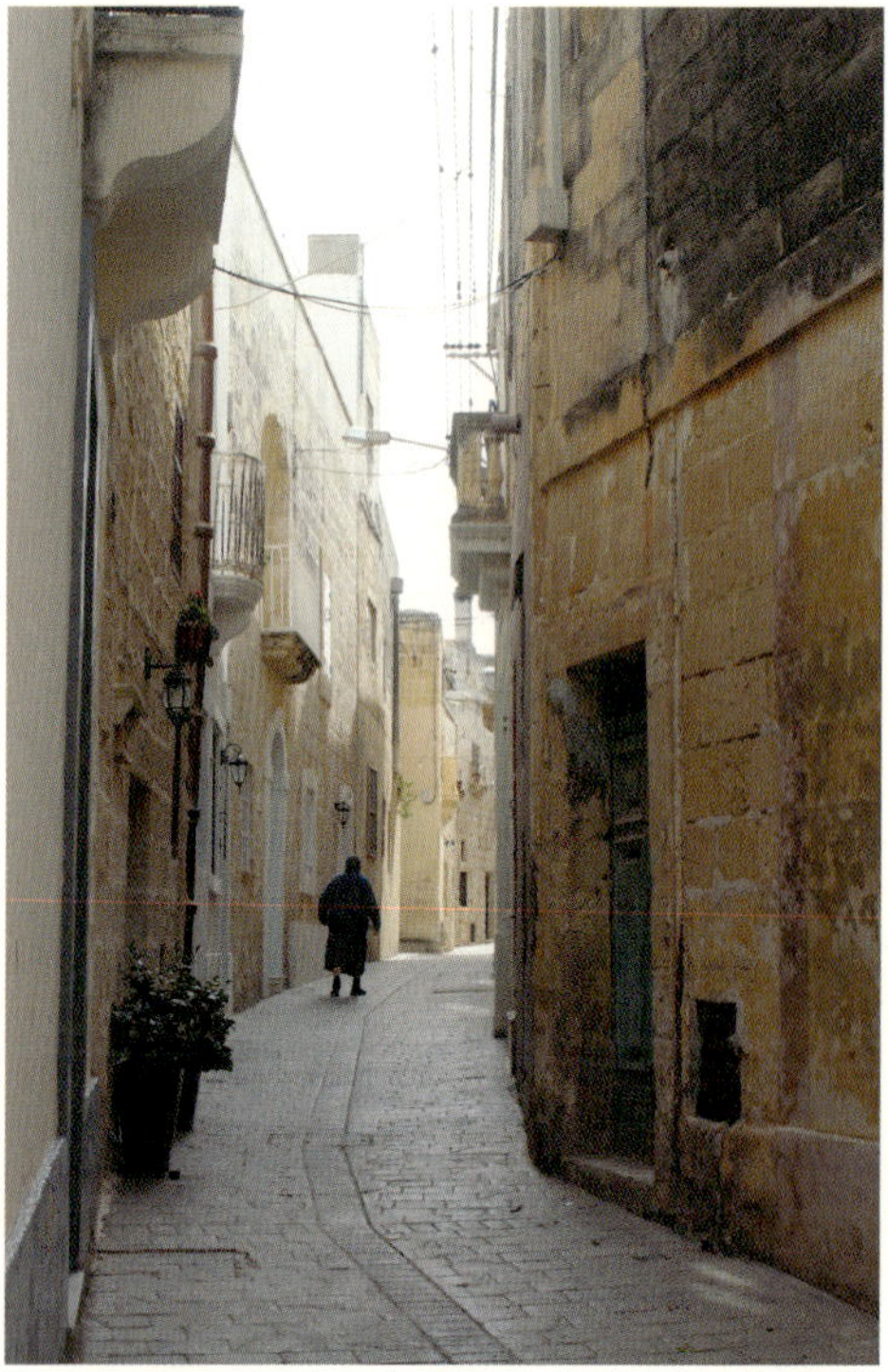

迷路のように入り組んだ小道。人の気配もほとんどなく静かな町、イムディーナ

ランプ、ブーゲンビリア、鮮やかなブルーのドア。絵になる景色が続く

マルタで最初の聖堂、イムディーナ大聖堂

（上）聖パウロの難破風景が描かれたフレスコ画（下）二つの鐘楼を持つ大聖堂

メインゲートそばにあるショップ。左横に観光案内所もある

人気のカフェ、フォンタネッラの入り口。テラスからの眺めも抜群

もうひとつのゲート、ギリシャ門から出ようとしたとき。にぎやかな一行がゲートから要塞内へ入ってきました。結婚式を終えたカップルとその友人たち十数人。皆華やかな衣装で、まさに式場から抜け出てきたよう。ブーケを投げる新婦、それを受け止めようとする女性たち。しんと静まりかえった通りに、彼らの歓声がこだまし、一気に華やかなムードになりました。その喜びがこちらまで伝わってきます。おめでとう。末永くお幸せに！

ギリシャ門を抜け、駐車場奥の広場からも魅力的な島の景色が望めます。バス待ちの時間に何度か行ってみましたが、いつも人が少なく、落ち着いた雰囲気。おすすめです。

教会の鐘の音だけが響き渡るサイレントシティ

１６９３年、シチリアとマルタは大地震に見舞われ、多くの建物が倒壊。古都イムディーナも例外ではありませんでした。震災後、この町の復興に力を注いだのが、ポルトガルの騎士団長ヴィレーナです。彼はその再建にあたり、新しくゴシック風の建築様式を取り入れたのです。そのため、大聖堂のほか、今に残る多くの建築物は、17世紀以降に建てられた新様式。古くからあったローマ風やノルマン風の建築物の多くは姿を消してしまいましたが、**パラッツオ・ファルゾン邸**などに、その足跡をたどることができます。イムディーナはヴァレッタに比べ、かなり小さな町。見学ポイントもいくつかに限られています。かつては１０００人近くもここで暮らしていたそうですが、現在の人口は３００人足らず。町歩きをしていても、住民らしき人の気配はほとんどありませんでした。本当に息をひそめたような町。まさにサイレントシティ、静寂の町。

パラッツオ・ファルゾン邸（Palazzo Falson）別称ノルマンハウス。イムディーナに残る中世建築の代表。ノルマン様式のファザードを持つ。博物館として内部も公開している。

聖パウロ教会（St. Paul's Church）伝説は新約聖書「使徒行伝」による。聖パウロの難破船記念日である2月10日は宗教的祝祭日。マルタでキリスト教を最初に布教させた重要人物とされる。

ラバトの地下に広がるカタコンベ

イムディーナと隣接する町ラバトは、城壁の外になり、活気ある庶民の生活エリア。セントポール通りやパーリッシュ広場周辺は、カフェやレストランも並んでいます。広場前にある**聖パウロ教会**も17世紀に再建されたもの。この教会には、こんな伝説があります。エルサレムからローマに向かって地中海を航海していたパウロ一行が難破。たどりついた先がマルタでした。地下にある洞窟は、パウロが身を寄せ、祈った場所。その上に建てられたのがこの教会なのです。

ラバトには、カタコンベと呼ばれる地下墓地があります。そのひとつが、**聖パウロのカタコンベ**。地下は薄暗く、ひんやりとした空気に包まれています。中央には、岩を削って作られたテーブルがあり、死者と遺族がともに食事をしたとされているところ。狭い通路に沿って続く小さな部屋は、死者を埋めた場所です。人ひとりが横たわる大きさに仕切られているところも。まさに川の字のようになって、家族がともに埋葬されたという部屋までありました。地下墓地は、4～5世紀古代ローマ時代のもの。当時イムディーナでは死者の埋葬を禁じられていたため、ラバトにカタコンベを造ったのです。地下への入り口だけでも10か所以上。それぞれの下に埋葬場所が巨大な迷路のように広がっています。しかも、地上の入り口は別々でも、地下でつながっているという複雑な構図。いったいどれほどの死者が埋葬されたのか、想像を絶する世界です。

聖パウロのカタコンベのすぐそばには、**聖アガサの地下礼拝堂とカタコンベ**があり、こちらもガイド付きツアーとして見学できます。ここは、迫害を逃れた聖アガサが隠れ住んだとされる場所。地下には、祭壇も設けられています。チャペルに描かれたフレスコ画もお見逃しなく。

聖パウロのカタコンベ（St. Paul's Catacombs）マルタ最大の地下墓地。22万㎡以上の広さに1000を超える墓地がある。

聖アガサの地下礼拝堂とカタコンベ（St. Agatha's Crypt & Cata-combs）聖アガサはマルタの守護聖人の一人。3世紀頃イタリア・シチリアから逃れ、隠れ住んだと言われている場所。ガイド付きツアーで内部見学可能。博物館では出土品なども展示している。

ノルマン様式のパラッツオ・ファルゾン邸。邸宅内には絵画や調度品のほか、世界的に珍しい十進法の時計も展示されている

静かな路地に響く馬車の音

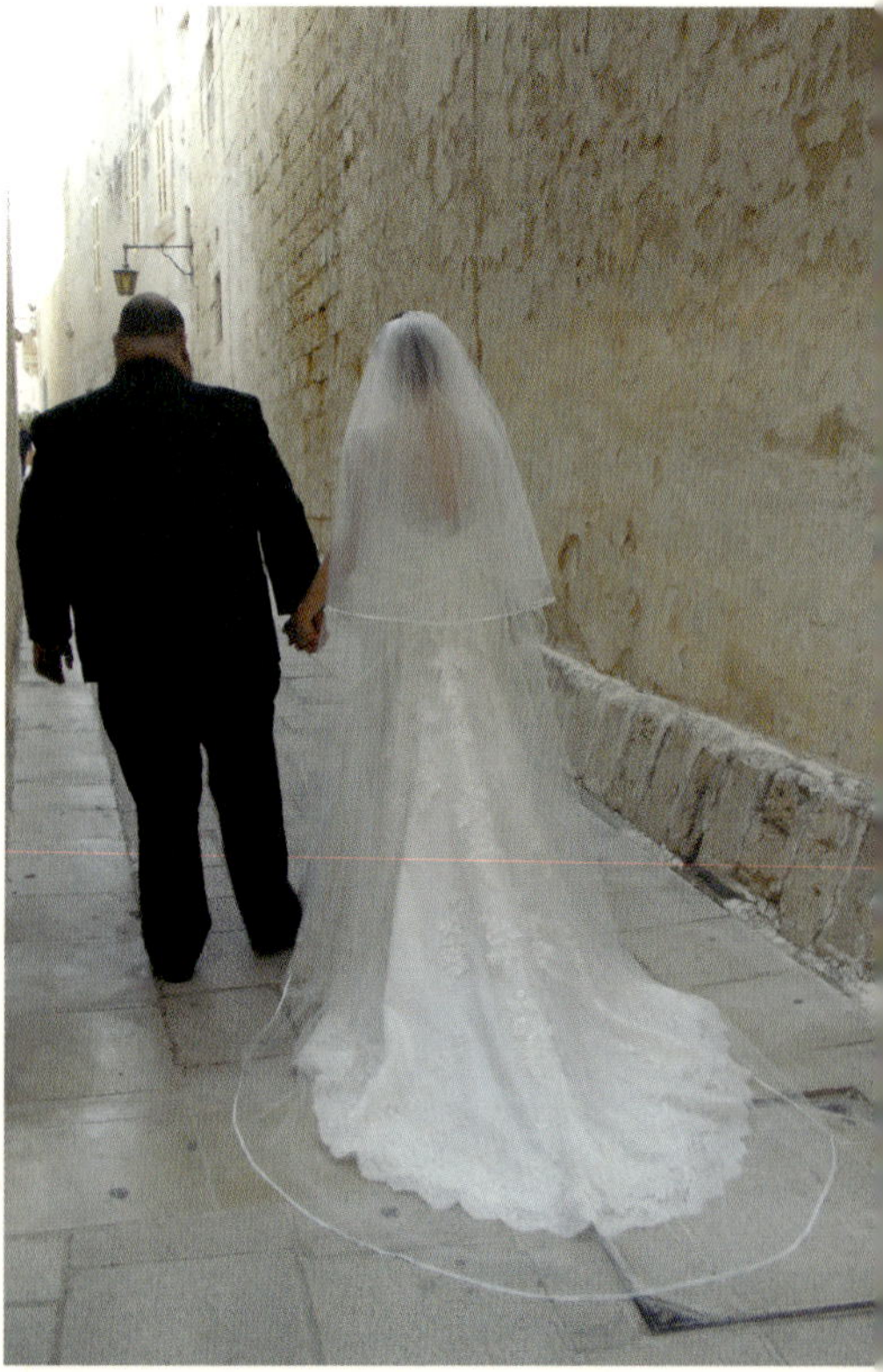

結婚式をすませたばかりの二人

花で美しく飾られた家屋。ゆったりとした時間が流れている

（上）小高い丘の上にあるイムディーナ全景
（下）ラバト、セントポール通りで見つけた屋台

窓枠などにマルタ十字を取り入れて。緑のバランスも絶妙

（上）聖アガサのカタコンベ
（下）聖パウロのカタコンベ

騎士団ゆかりの地に残る戦禍の傷跡

スリーシティーズ　The Three Cities

グランドハーバーを挟んだヴァレッタの対岸は、深く切り込んだクリークが続きます。ここに位置する町が、**ヴィッドリオーザ、セングレア、コスピークア**。3つを総称し、スリーシティーズ（あるいはコットネーラ）と呼ばれています。ここは古くから、風をよけるための場所として、あるいは敵の攻撃から逃れる避難所として利用されてきました。また聖ヨハネ騎士団がやってきた際、彼らがマルタで最初に拠点を築いたところで、騎士団ゆかりの場所も数多く残っています。

まずヴィッドリオーザからスタートです。半島の先端にあるのは、**聖アンジェロ砦**。聖ヨハネ騎士団の来島以降、この砦を守り続けてきたのは、騎士たちでした。その後は、イギリス海軍本部などとして、重要な役割を果たしてきた場所でもあります。長らく修復中でしたが、現在はその一部が見学可能となりました。まずは、砦から外を眺めてみましょう。監視塔ヴェデッテが手に届くように迫ってくるセングリア、ワイドに広がるヴァレッタの町並み、カルカーラの岬、ヴィッドリオーザのヨットハーバーなど、砦内から見渡す海の景色は、眺める方角によって異なる表情を見せています。グランドハーバーには、りっぱな客船が横付けされていました。地中海クルーズ中に、マルタに立ち寄ったのでしょうか。下船した乗客らは、今頃ヴァレッタあたりを散策しているのかもしれません。砦の先端にあるベンチに腰かけて一息ついていたとき、聞こえてきたのは、ドンと一発、大砲の音。対岸のアッパー・バラッカ・ガーデンの砲台から放たれた、

ヴィッドリオーザ
(Vittoriosa) 別称ビルグ

セングレア
(Senglea) 別称イスラ

コスピークア
(Cospicua) 別称ボルムラ

聖アンジェロ砦
(Fort St. Angelo)
ガイドツアーは1日1回（土曜を除く）。月〜金13：30〜、日11：00〜の約40分間。事前予約もしくは開催30分前までにレセプションで申し込みが必要。

12時を知らせる合図です。聖アンジェロ砦内には、堡塁のほか、ラウンジやホールとして使われていた建物や礼拝堂もありました。砦内にある牢獄は、カラヴァッジョが罪を犯し、収監された場所としてもよく知られるところ。彼はここから脱獄し、シチリア島へと逃亡したのです。この砦には、たった一人ながら騎士の末裔が暮らしているそうで、そのプライベートエリアなどは、ガイドツアーとして公開しています。

この半島はかつてビルグと呼ばれていました。ヴィットリオーザになったのは、オスマントルコとの戦い、グレートシージ後のこと。勝利を意味する名前に改められたのです。その中心となる場所が、ヴィクトリー広場。広場を取り巻くように並ぶ飲食店には、観光客だけでなく、住民も集っていました。広場の西側は、**コラッキオ**と呼ばれるエリア。騎士団の宿舎だったいくつかのオーベルジュとともに、古い街並みが残っています。入り組んだ細い小道に、マルタストーンの古い建物。マルタ十字の模様が入った窓枠の家屋も見つけました。手入れが行き届いた建物もある一方、かなり朽ち果てているところもあるようです。広場のすぐ裏手だというのに、コラッキオに入った途端、行きかう人の姿もほとんどありません。騎士団がここを拠点としていたころは、きっと活気に満ちていたでしょうに。

海沿いでしばし休憩タイム。眼前のカルカーラの岬をぼんやり眺めていると、犬の散歩中だったマルタ人の二人連れが、かつてあそこに病院があったと教えてくれました。

聖ローレンス教会は、聖ヨハネ騎士団にとって最初の修道教会。聖ヨハネ大聖堂ができる以前、重要な役割を担った教会です。船が好きな方は、教会近くの海沿いにある**海事博物館**へどうぞ。

コラッキオ　騎士団時代の古い町並みが残るエリア。入り組んだ細い街路が続く。

聖ローレンス教会
(St.Lawrence Church)

海事博物館
(Maritime Museum)

対岸のヴァレッタから見たセングレア。突き出た半島と入り江が独特の景観を織りなしている

ヴィットリオーザのマリーナ付近。奥にフェリー乗り場がある

ヴィクトリー広場。カフェやレストランが並ぶ

聖アンジェロ砦の手前にある船溜まり。左手の橋を越えて砦の入り口へ

このメインゲートを抜け、ヴィットリオーザへと入って行く

船の模型のほか、羅針盤や錨《いかり》などの装備品、水軍に関係する資料なども豊富です。さらに、メインゲート通りには、**宗教裁判所**があります。聖ヨハネ騎士団の来島以降、フランス軍に占領されるまで、宗教裁判に使用されていた場所。裁判に使った部屋はもちろん、礼拝堂や台所、階下には、牢獄も残っています。また建物内には、観光案内所があり、ヴィッドリオーザをはじめ、スリーシティーズに関する情報も入手できます。

セングレアとヴィッドリオーザの間にあるのがドックヤードクリーク。ヴィッドリオーザ側には、ヴァレッタとの間を行き来する**フェリー乗り場**やヨットハーバーがあり、深く切り込んだ入り江の表情に変化をもたらしています。セングレアへとつなぐ橋もかかっていました。

今も残る第二次世界大戦の砲弾跡

2つの半島の間にある入り江を抜け、セングレアへと向かいましょう。岬の最も先端にあるのが、**ガーディオーラ公園**。グランドハーバーに突き出るように立っているのが、監視塔ヴェデッテです。大きな目と耳、鳥が描かれた象徴的な彫刻は、静かな、しかし強烈な敵へのメッセージ。かつては、「楽しむ」ためではなく、あくまで「監視する」ための塔でした。こんなにも穏やかで美しい海は、平和の象徴であってほしい。敵を運んで来る海ではなくて。

対岸のヴィッドリオーザを眺めながら、海沿いの道を少し歩きます。あたりは、人が住んでいないのではないかと思わせるほど、しんと静まりかえっていました。半島の中心を走るヴィクトリー通りからベネディクト広場へ。広場前に立つのは、赤いドームを持つ**勝利の女神教会**。グレー

宗教裁判所（Inquisitor's Palace）キリスト教に対する異教徒を罰するために騎士団時代に造られたもの。地下の牢獄には異教徒による落書きも残っている。

フェリー乗り場 ヴァレッタ側のアッパー・バラッカ・ガーデンの下からヴィットリオーザのマリーナエリアを往復するフェリーがある。所要時間約10分。

ガーディオーラ公園（Gardjora Garden）監視塔ヴェデッテ（Vede

トシージの勝利をたたえて建設された教区教会ですが、現在の建物は、1956年に再建されたもの。第二次世界大戦時、マルタは英国軍の重要な拠点でした。そのため、ドイツ軍による執拗な攻撃を受け、空爆で破壊されたのです。この教会のみならず、このあたりは特に被害が大きかったエリア。今でも家屋や建物に砲弾の跡が生々しく残っています。古くは海賊や海からの侵入者、さらにグレートシージ、そして第二次世界大戦。ヴィットリオーザもセングレアも、常に敵と向き合う最前線だったのです。クリークを挟んだ美しい景観の向こうには、この場所における避けがたい過去の悲しみが、見え隠れしているようでした。

　ヴィットリオーザとセングレアの付け根、入り江の奥に広がるコスピークワ。町の中心には、**聖母マリア懐胎教会**があります。マリアが懐胎したとされる12月8日には、盛大にお祝いの儀式が催されるようですが、訪ねたのはふつうの日の午後。ミサの時間でもなかったため、門は固く閉ざされ、マリア像がひっそりと海を見下ろしていました。教会からさらに南へ下ると、通りの先には聖ヘレナ門。コスピークワの南は、周囲が高い壁でぐるりと取り囲まれています。この先にあるカルカーラの岬には、現在、映画撮影所として利用されている**リカゾーリ砦**もあります。

　スリーシティーズエリアを1日でめぐるのは、それなりの距離があるうえ、見所も点在しているので、ちょっと大変です。私は1回ずつひとつの町にしぼり、じっくり歩くようにしました。マルタの歴史をたどるうえでも、大変重要なエリア。騎士たちが住んでいた時代とは異なり、今はすっかりさびれてしまった感は否めません。とはいうものの、落ち着いた雰囲気で、個人的には、お気に入りの通りや公園などを見つけた場所です。運がよければ、猫たちにも会えますよ。

tte）から海の景色を眺めることができる。ラテン語による碑文も刻まれている。

勝利の女神教会（Church of Our Lady of Victory）

聖母マリア懐胎教会（Immaculate Conception Church）

リカゾーリ砦（Fort Ricasoli）「グラディエーター」「トロイ」「キャプテン・フィリップス」など多くの映画がここで撮影された。内部は非公開。

目、耳、鳥が描かれたヴェデッテ。ここから見るヴァレッタの景色も素晴らしい

セングレア入り江の奥。子供たちが餌やりを楽しんでいた

観光用のボートも絵になる。奥に
見えるのは聖アンジェロ砦

マリア像が見守る聖母マリア懐胎教会

厳格な宗教を奉じるために行われた宗教
裁判。裁判所内部の部屋

（左上・中・下）観光用トレイン、バギー、
自転車などを利用して、スリーシティー
ズエリアをめぐることができる

海沿いのプロムナードをゆっくり散策しよう

セントジュリアン&スリーマ St.Julian's &Sliema

スピノラ湾沿い、セントジュリアンに立つラブモニュメントは、逆さになったＬＯＶＥが目印のミーティングポイントになっています。カフェ、ドルチェヴィータもすぐ目の前。付近には、レストランやカフェ、パブなどの飲食店が並ぶマルタ随一の繁華街です。マクドナルドの看板の隣に、「shushi」の文字を見つけました。意外なことに、店内は日本人客の姿はなく、外国人ばかり。聞くと、店のオーナーはフランス人だとか。カウンターの向こうで寿司を握っていたのはマルタ人でした。日本食が世界に広がる昨今だけに、もはや驚くに足りないことかもしれませんが、この状況を前にすると、やっぱりちょっと複雑。マルタ人の板前さんは、はにかみながらも写真撮影に応じてくれました。

海沿いのプロムナードをスリーマ方面へぶらぶら歩きます。スピノラ湾に浮かぶボートが数隻。湾の向こうには、セントジュリアンのランドマーク、**ポルトマッソタワー**。魅力的な海の風景が続きます。ジョギングやウォーキングにいそしむ人、子供や犬を連れて散歩する人、ベンチでのんびり海を眺める人、海沿いのカフェでお茶を飲む人など、それぞれのスタイルで、この景色をめいっぱい楽しんでいる様子が伺えます。バルータ湾の沿いには、**マウントカルメル教会**、その先の**巨大猫のモニュメント**も人目を引きます。海沿いの道は、スリーマ半島の先まで続くお散歩通り。私も滞在中、何度となくこの通りを歩きました。海沿いにびっしりと続くアパート。「こ

ポルトマッソタワー（Portomaso Tower）タワー内にはオフィスなどのほか、地下にはスーパーマーケットも入っている。

マウントカルメル教会（Church of Our Lady of Mount Carmel）

巨大猫のモニュメント 海沿いには猫スポット、インディペンデンスガーデンがある。Ｐ162参照。

ザ・ポイント
衣料品、服飾雑貨、日用品などを扱うショップのほか、カフェやレストラ

んなところに住めたらいいなぁ」なんて思いながら。誰もがこの景色に惹かれるからなのでしょう。このあたりの海が見えるアパートは超人気物件。賃貸にしろ売買にしろ、かなりの高額だとか。もはや庶民には手が届かなくなってしまったようで残念です。スリーマの先端には、**ザ・ポイント**という大型のショッピングモールがあります。ショッピングもさることながら、ぜひ展望デッキへ。対岸のヴァレッタが眼前に迫って見える抜群のヴューポイントです。どの時間帯に行っても素敵な眺めが広がっているのですが、中でもおすすめなのが夕景。赤く染まった空とヴァレッタの町並みが描く幻想的な絵が眼前に広がり、まさにロマンティック！

スリーマのフェリー乗り場を過ぎ、グジーラへ入ります。ヴァレッタの手前に浮かんでいる島が**マノエル島**。短い橋を渡り島に入ると、見えてくるのがダックヴィレッジ。鳴き声もにぎやか、カモやアヒルなどのほか、ウサギ、犬、猫までいます。20年以上にもわたって彼らの世話を続けているのは、ジョセフさん。散歩中の近所の人なども足を止め、動物たちの様子を眺めています。若いカップルが、彼と一緒に写真を撮っていました。マノエル島をさらに先へ進むと、出入りを制限しているエリアが見えてきました。入口の警備室で聞くと「日没までは開いている」とのことだったので、入ってみます。なんだかアバウトですが、それがマルタっぽいところなのかも。奥のエリアはしんとしすぎて、なんだか気味が悪いくらい。先端には砦もありましたが、立ち入り禁止でした。町の灯りがともり始め、あわてて入口へ戻ります。マノエル島まで足をのばす観光客は、ほとんどいませんでしたが、思索するにはぴったりの場所。島の入り口付近にあるレストランでは、夕食を楽しむ人たちで賑わい始めていました。

ンもある。岬の見張り台付近からの眺めも素晴らしい。

スリーマのフェリー乗り場　ヴァレッタをつなぐフェリーのほか、コミノ島行きのボート、島内クルーズなどもここから乗船可能。

マノエル島
(Manoel Island)
スリーマ湾に突き出るように位置する島。グジーラからは橋がかかり、歩いて島内へ入れる。先端にはマノエル砦がある。

セントジュリアン・スピノラ湾。海沿いに遊歩道が続く

スリーマ岬の先端。ヴァレッタへとつなぐフェリーが走っている

奥にそびえるのがポルトマッソタワー。海沿いに並ぶカフェやレストラン

目をひくカラフルな
猫のモニュメント

（上）ラブモニュメントで待ち合わせ
（下）スリーマの海岸で。犬も海を満喫

海を満喫できる魅力的な町や村がいっぱい

マルタ島のマリンリゾートとその他エリア　Marine Resorts

マルタ島の南に位置する**マルサシュロック**が活気づくのは、市が開かれる日曜日。島内のあちこちから、買い物客や観光客が集まります。海沿いに連なる野外店舗。漁村とあって魚介類の店ばかりかと思いきや、野菜や果物、日用品、衣類、雑貨など、多種多様な商品が店先に並んでいます。湾に停泊する**漁船**ルッツの数々。船体の鮮やかな色が海によく映えます。船のへさきに描かれた2つの目。フェニキア人たちが、災難を逃れるために描いた魔除けが、今に伝わったのだそう。おみやげもの店では、この目の形をしたマグネットが売られていました。グレートシージの際、トルコ軍が大挙して押し寄せたのが、マルサシュロック。また、ナポレオンがマルタに上陸したのもこの地でした。隣接するビルゼブジャには、**冷戦終結記念碑**が立てられています。よくも悪くも、マルタの歴史を刻み続けてきた海。今はおだやかな姿で観光客の目を楽しませてくれています。マーケット通りの裏手、海のほとりでは、漁師が黙々と網の手入れをしていました。

人気の観光名所**ブルーグロット**は、岸壁が風と波の浸食を受け、巨大なアーチとなった場所です。付近に民家はなく、見えるのは風よけの石垣だけ。あたりは荒涼とした雰囲気に包まれていました。坂を下り、海に近いところまで出てみます。お目当てのボートツアーは、すでに乗客7人がスタンバイ。「最後の一人だよ!」と声がかかります。急いで乗船すると、ボートを操舵するおじさんが、勢いよく船を走らせました。海は凪いでいるように見えても、船に乗ると、意外

マルサシュロック（Marsaxlokk）南部にあるマルタ最大の漁村。

漁船　青、赤、黄が基調のカラフルな船。

冷戦終結記念碑　1989年、当時の米国大統領ジョージ・ブッシュと旧ソビエト連邦書記長ミハイル・ゴルバチョフによるマルタ会談がこの沖合の海上で開催され、冷戦終結を宣言した。

ブルーグロット（Blue Grotto）青の洞門とも呼ばれるマルタの景勝地。

に波があることがわかります。巨大なアーチの近くに広がっているのは、ブルーとグリーンを掛け合わせたような神秘的な海の色。海面がキラキラと輝き、海底の白い砂まではっきり見えるほど透き通っています。ボートが洞窟内に入ると、太陽を遮り、海の色が微妙に変化。海と洞窟、それらをなんとか写真におさめようとするも、船が揺れたり、一瞬だったりと、思うようにシャッターが切れません。そんな様子を見かねてか、おじさんは時々ボートを動かさないようにして、待っていてくれました。ブルーグロットのほか、いくつかの洞窟をめぐる20分ほどの遊覧体験。岸壁の上から眺めていたのとは、まったく違う景色が楽しめます。

ブルーグロットの先には、ハジャーイムとイムナイドラの**巨石神殿**、さらにディングリへと続きます。沖合には**フィルフラ島**の姿も見えました。島の南西部は季節風の影響が大きく、断崖絶壁が続くエリア。このあたりは海抜約250メートルと、高い場所に位置しています。

「**ディングリ・クリフ**を歩こう」と題した語学学校主催のアクティビティに参加してみました。バスを借り切って、断崖の近くまで行き、そこから一緒に歩きます。今日は参加者60人もの大所帯。「皆から離れず、足元に注意して歩くように」と、担当者は何度もアナウンスしていました。確かに、崖のまわりに柵などありません。その分、断崖の表情をつぶさに見られるのはありがたいのですが、夢中になって自撮りしていて、崖からおっこちてしまう人がいるのだとか。さもありなん。石灰岩の岩肌がゴツゴツとむき出しになっているところが多いので、思った以上に足に負担がかかるうえ、すべりやすいのです。というわけで、足元を気にしながらのウォーキングですが、岩の間からもいろいろな野草が育っていることを目にしたり、**カートラッツ**を見つけたり。

巨石神殿 P117〜参照。

フィルフラ島（Filfla Island）マルタ島西南部、約4・5km沖合に浮かぶ無人島。

ディングリ・クリフ（Dingli Cliffs）ウォーキング、トレッキングを楽しむ場所として人気。

カートラッツ（Cart Ruts）石灰岩の大地に残された轍の跡。巨石神殿に石を運ぶための車輪の跡ではないかなど、諸説あるが不明。島内数か所に残っている。

マルサシュロック湾。フィッシュマーケットはこの海沿いの通りで開かれる

ユニークな目が描かれている漁船ルッツ

目をモチーフにしたマグネットなどが並ぶおみやげもの店

リクエストすれば、その場で魚をさばいてくれる

断崖から眺めるブルーグロット。巨大なアーチが印象的

（上）島の南西部はトレッキングを楽しむ人も多い
（左）美しいサンセットが望めるディングリ・クリフ

最も印象的だったのは、ゴール地点で眺めたサンセット。西の空がオレンジ色に光り、水平線の向こうに、ゆっくりと夕日が沈んでいく。ここに来れば、なんでもない日常のひとコマかもしれませんが、私にとっては、とても新鮮、そして心動かされる光景。さっきまできゃっきゃっとはしゃいていた学生たちも、静かに海を見つめていました。

ゴールデンベイも人気のビーチ。規模は小さめですが、砂浜も美しく、地中海に面した自然の景色を自然のままで味わうことができます。シーズンオフとあって、ビーチを訪れる人も少なく、泳いでいる様子もなく、ちょっとさびしかったけれど。子供たち数人だけが、元気よく海辺で遊んでいました。ゴールデンベイの北にある**ポパイヴィレッジ**は、映画『ポパイ』の撮影が行われた場所。カラフルな建物が、まるでおもちゃのように並んでいます。

西の海岸線にあるめぼしいビーチはゴールデンベイだけでしたが、東海岸は、ビーチライフを楽しめる場所が散在しています。セントポールズ湾を取り巻く**ブジッバ**エリアは、ホテル、飲食店ともに充実。ここでのんびり過ごす長期滞在者が多いようです。**マルタ国立水族館**には、ベビーカーをひく母親の姿もあり、場所柄、やはり家族連れが目立ちます。水中12メートルのトンネル、海の中のイエス像など、ユニークな展示もいくつか。子供たちが、ガラスの水槽にべったりとはりつくようにして、魚の動きを懸命に追いかけていました。水族館の前にあるキオスクは、一息つく人たちでいっぱい。一方、すぐ先にあるカフェ・デル・マールは、今日はお休みのようで、ひっそりとしていました。静かな海の向こうには、**セントポールズ島**。聖パウロの漂着地として知られる島です。最初、その名前の結びつきがピンとこなかったのですが、聖パウロを英語読みする

ゴールデンベイ（Golden Bay）

ポパイ ヴィレッジ（Popeye Village） 1979年、ロビン・ウィリアムス主演の実写版「ポパイ」の撮影のために建築された。

ブジッバ（Bugibba） 町の中心ブジッバ・スクエアのそばに観光案内所がある。

マルタ国立水族館（Malta National Aquarium）ブジッバ・スクエアからは徒歩約10分、海沿いの一角にある。150種以上の海

とセントポールとなり、なるほどと納得。信者にとっては聖地のような島で、観光というより巡礼として渡るのだとか。ちなみに、マルタ共和国のメインアイランドはマルタ島とゴゾ島。その間にあるコミノ島。この3つに加え、フィルフラ島、セントポールズ島の全部で5つ。

　チェルケウアに近いビーチエリア、**メリッハ**。波は穏やか、遠浅のビーチとあって、遠くからでもここへ泳ぎに来る人もいるほど。町の中心は小高い丘の上にあり、メリッハ湾から上っていくのは、ちょっと大変です。初めてこのビーチまで来たとき、そうとは知らずに町のほうまで、坂道を歩こうとしたのですが、傾斜がきつくて断念。2度目は、丘の上の町を中心に動きました。ビーチから見上げるような崖の上に立っていた**メリッハ教区教会**。町のランドマーク的なりっぱな建物です。教会を抜けてさらに先のカフェへ。客が一人、静かにコーヒーを飲んでいました。眼下にメリッハ湾が広がり、右手にも大きな断崖が迫っています。時刻は午後5時過ぎ。夕日に照らされた断崖がやわらかい光に包まれてうす赤く輝き、さらに、太陽の動きとともに、その表情が刻々と変わっていくのです。晴れた日の夕暮れが織りなす幻想的な世界。場所、時間、天候、すべてが重なったのでしょう。ここでこんな感動的な光景に出会うとは、うれしい予想外でした。

　ヴァレッタからスリーマ、セントジュリアンを抜け、ブジッバ、さらにメリッハと続く東の海岸線は、マルタの海の美しさをたっぷり堪能でき、ドライブにはもってこいの通り。チェルケウア港へ行く222番のバスは、この海岸線を走ります。結構長いドライブになりますが、このバスに乗るときは海側の席に座り、飽きることなく海の景色を楽しみました。この海、この空、この太陽。世界中の人が求めるものが、ここに凝縮されている気がします。サビッハ・マルタ！

洋生物を展示。

セントポールズ島
(St. Paul's Island)
セントポールズ湾の沖合に浮かぶ島。聖パウロの船が難破した際、たどり着いたとされている。島内に聖パウロ像がある。

メリッハ
(Mellieha) マルタ島を代表するビーチ。内陸部にはレッドタワーもそびえている。

メリッハ教区教会
(Mellieha Parish Church)

ゴールデンベイで遊ぶ子供たち。気持ちよさそう

マルタのテーマパークのひとつ、ポパイヴィレッジ

断崖を望む町全体が夕日に輝くメリッハ。海の奥に見えるのはコミノ島

絵心あふれるメリッハの町角。この階段の奥には、シェルターとして使われていた場所もある

（上）水族館内に展示された海底のキリスト像
（下）ブジッバにあるマルタ国立水族館。館内にはカフェやおみやげもの店もある

もうひとつの島へ渡ってのんびり過ごす休日

ゴゾ島　Gozo Island

マルタ島の北西6㎞に位置するゴゾ島。東西14㎞、南北7㎞、面積67㎢と、マルタ島よりもさらにコンパクトサイズの島に、約**3万1000人**が暮らしています。島の中心ヴィクトリアのほか、巨石神殿ジュガンティーヤも必見の場所。人気の入り江やビーチも島内に点在しています。青く澄んだ海はもちろん、緑が広がる自然豊かな内陸部もゴゾならではの風景でしょう。

現在、マルタ島からゴゾ島へ渡る方法はたったひとつ、**フェリー**です。マルタ島の北端チェルケウアとゴゾ島南にあるイムジャール港をつないでいるのが、ゴゾチャンネル社の船。観光客だけでなく、住民にとっても、両島行き来のための貴重な足となっています。所要時間は約30分。早朝から深夜まで、30分から1時間間隔で運航しています。ユニークなのは、料金の支払いシステム。マルタ島からゴゾ島への移動の際には不要で、ゴゾ島からマルタ島へ向かうときに（従って、多くの観光客は帰路に）切符を購入します。

このフェリーに乗って、ゴゾ島へ渡りましょう。汽笛が鳴り響くと同時に、船員たちが忙しく動き始めました。埠頭につないでいた太い縄をはずし、いよいよ出航。ゆっくりとフェリーターミナルが遠ざかって行き、やがて一面の海。しばらくすると右手にコミノ島が見えてきました。「有名なブルーラグーンはどのあたり？」目を凝らしてみても、船上からは見えそうにありません。それよりも気になったのは見張り台。こんな小さな島にもあるんですね。コミノ島、空に舞う海

3万1000人　統計局調査による（2015年）

フェリー　自家用車やレンタカーとともに乗船できるカーフェリー。風の強い日でも、ほぼ欠航することなく2つの島をつないでいる。

島、すれ違うフェリー。何枚でも写真を撮りたくなる景色が続き、時間も忘れるほど。ふと左に目をやると、イムジャール港がすぐそばに。停泊するヨットや漁船、教会、ホテルなどが迫ってきました。船が着くと、にわかに港が騒がしくなります。駐車場で客の下船を待つタクシー、路線バス、観光バス。大勢の観光客を乗せて、ターミナルから次々に飛び出して行きました。

チタデルは島を一望できるヴューポイント

ゴゾ島の中心、**ヴィクトリア**にある**チタデル**は、要塞で囲まれた高台です。ゴゾ島は過去に、海賊や異民族などの襲撃を受け、多くの住民が奴隷として連れ去られたこともあったとか。その際、島民が避難したのはこの城壁の中。騎士団時代になり、さらに強固な姿に造り変えられました。チタデル内、正面に構えるのが**ゴゾ大聖堂**。カメラに収まりきらないほどの高さと広がりを持つバロック様式のカテドラルです。ミサの時間になれば信者たちが、それ以外の時間帯は観光客が、ひっきりなしにこの階段を上ります。中をのぞくと、ヴァレッタの聖ヨハネ大聖堂を思わせるりっぱな内部装飾。中央祭壇も豪華です。何より注目したいのは天井でしょうか。設計当初、大きなドームが造られる予定だったのが、資金不足で断念。あたかもドームがあるかのように、この天井画が描かれたというユニークなものとなっています。このようなだまし絵的技法を取り入れた教会は、数あるマルタの教会の中でもここだけだそう。大聖堂をあとにし、細い通りを抜け、チタデルの奥へ。ところどころに石垣だけが残る荒地に黄色い花が咲いています。その向こうは、ゴゾが一望できるヴューポイント。どこまでも緑が広がり、まさに癒される光景です。

ヴィクトリア（Victoria）／**チタデル**（The Citadel）
ヴィクトリアへはイムジャール港から車で約10分。ゴゾ島で唯一町と呼ばれるエリア。チタデルは要塞をめぐらせた町並みを指す。

ゴゾ大聖堂（The Cathedral）
1693年の大地震で倒壊したため、現在の建物は1711年に再建されたもの。ロレンツォ・ガッファの設計。

イムジャール港のフェリーターミナル。マルタ島とは異なる空気感が漂う

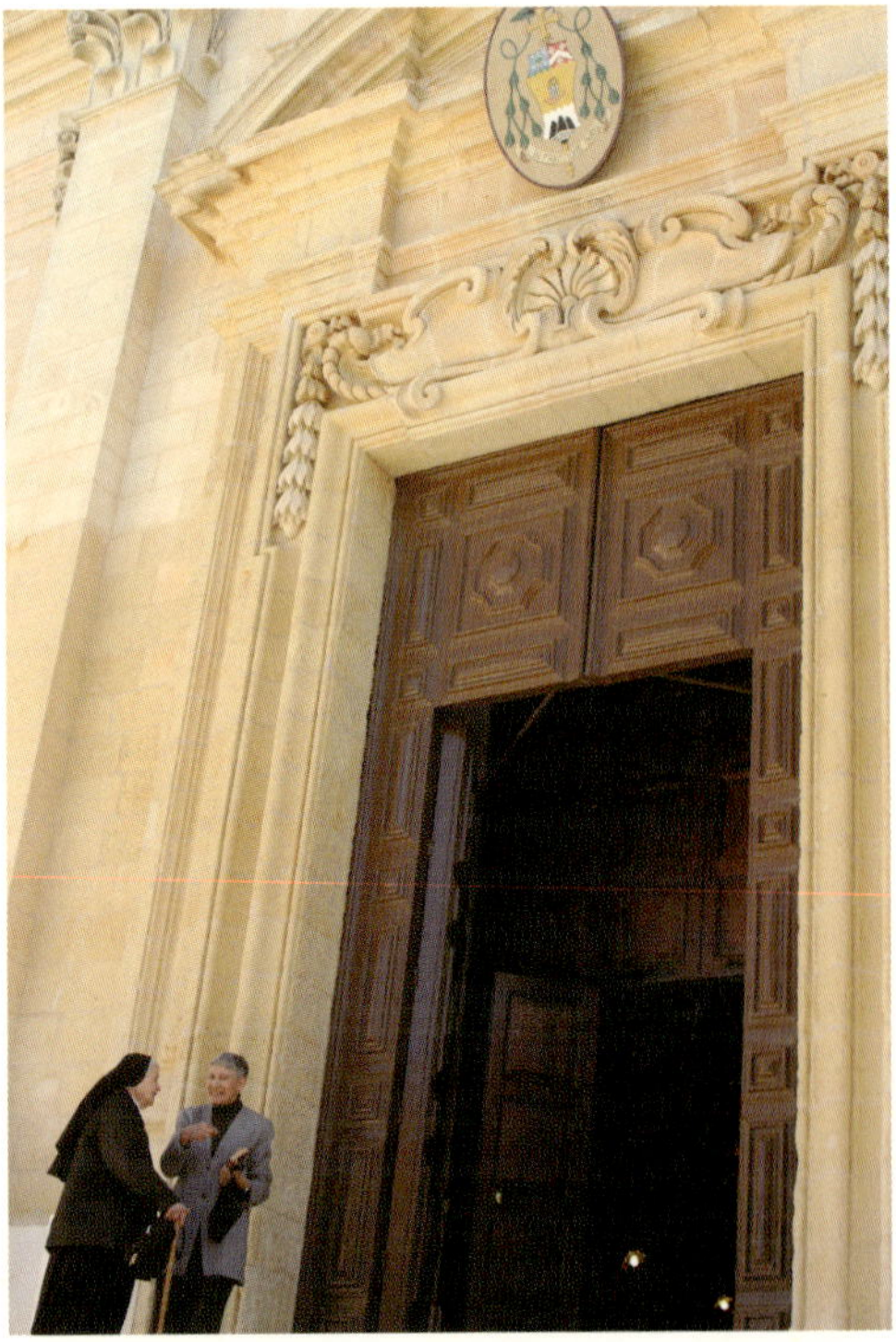

りっぱな門構えの大聖堂入口。ミサの時間になると大勢の信者たちがやって来る

（上）ゴゾ大聖堂の豪華な中央祭壇
（下）神父さんのお手伝いをしていた少年

チタデルの奥から見た大聖堂。周囲は要塞に囲まれている

いくらか起伏があるものの、平地が続くゴゾ島。地中海が遠くに見える

要塞内にある**タ・リカルドゥ**は、チーズやドライトマトなどゴゾの味が楽しめるレストラン。3階には、チタデルやヴィクトリアが見渡せるテラス席もあります。レストランに隣接する建物内では、ツアー客などにチーズの作り方についてのレクチャーも開催。島内で羊や山羊を育てているほか、ぶどう畑でオリジナルワインも醸造しています。**バスション**は、人気のレースショップ。テーブルクロス、ショール、小物入れなど、手作りのレース製品が数多く並んでいます。マリアさんが店頭にいるタイミングなら、レース編みの様子も見ることができます。チタデルにはそのほか、**考古学博物館**、**民俗博物館**、**ゴゾ自然博物館**といった室内見学の場所もいくつか。ゴゾ大聖堂のそばにある**旧刑務所**の前で、「写真撮ってください」と若い女性に声をかけられました。スマホを私に預け、さっとポーズをとったのが、入り口横にあったギロチンの台。わざわざそこに首と手をつっこみ、しかめっ面でポーズ。「こんなの、撮りたいの?」と内心思いましたが、快く撮ってあげました。何をどう写真に残すのか、ほんと人それぞれですね。

地元の人たちで賑わうカフェで

静かで落ち着いた雰囲気のチタデル内と異なり、要塞の外は人も多く活気あるエリア。とりわけ、リパブリック通りは、車の往来も激しくなります。独立広場の前の**ジュビリーフード**はメイド・イン・ゴゾの商品を扱う人気店。オリーブオイル、天然塩、はちみつ、チーズ、ワインなどが並んでいます。独立広場周辺は、レストランやカフェも数軒。この一角に観光案内所もあり、ヴィクトリア発のバスの時刻表もここで入手できます。広場を背に細い通りを南へ下って行くと、観

タ・リカルドゥ
(Ta' Rikardu)
チタデル内唯一のレストラン。体験は要予約。
tarikardu@hotmail.com

バスション・レース(Bastion Lace)レース製品を扱う専門店。オーナーのマリアさんはレースの編み手でもある。ゴゾ島の女性たちが編んだ作品を集め販売。bastionlace@gmail.com

考古学博物館
(Museum Archaeology)

民俗博物館

光客が立ち寄る雑貨やおみやげもの店が続きますが、賑やかなのもこのあたりまで。さらに先へ進むと、民家の軒下で、のんびり猫がお休みしていました。**バスターミナル**を過ぎ、聖フランシス広場まで来ると、地元の人が目立つようになります。独立広場とは異なり、レストランやカフェもぐっと庶民的な雰囲気に。おじさんたちが、ビールを飲んだり、何やらゲームに興じたりしています。「まだ陽が高いんですけど」と一瞬思いましたが、「それがどうした」って感じです。ちょうどお腹もすいていたし、休憩がてら、その一軒に入ってみました。そばにいたおじさんが、自分が食べていたものを指しながら、「これ、おいしいよ」と教えてくれました。おじさんを信じて、注文してみると……。ちょっと香ばしくて美味！　しかもヴォリュームたっぷり。満足そうな顔をすると、「だろ！」という顔でおじさんもにっこり。これで1・5ユーロとは、超お得です。「Timpana《ティンパナ》」という名の人気メニューだと教えてくれました。

絶景の姿を変えた自然の猛威

その日はいつものように語学学校で授業を受けていました。休憩の後、先生が表情を曇らせながら、低いトーンでこう言いました。「悲しいお知らせがあるんです」と。生徒たちも、ただならぬ雰囲気を感じたよう。続く言葉に一同唖然。「今朝、**アズールウィンドウ**が崩落したそうです」。アズールウィンドウとは、海に突き出た岩が、波の浸食で窓のような形にくり抜かれた島の絶景。観光パンフレットなどでは、表紙を飾るほどの名所中の名所です。私が初めてゴゾ島を訪問したとき、真っ先に訪ねた場所でした。そのときはパンフレットの写真通りの姿をなしていましたが。

(Folklore Museum)

ゴゾ自然博物館（The Gozo Nature Museum）

旧刑務所（The Old Prison）

ジュビリーフード（Jubilee Foods）http://jubileefoods.net

バスターミナル ゴゾ島内各地をつなぐバスの発着点。

アズールウィンドウ（Azure Window）ゴゾ島西、ドウェイラ湾にある。高さ約20m、幅約100mにもなる巨大アーチだった。

崩落前のアズールウィンドウ。青い海に突き出したアーチが印象的な風景

嵐でウィンドウは消失したが、海の美しさに変わりはない

タ・リカルドゥの店先に飾られたディスプレイ

（上）チーズを仕込むリカルドゥさん
（下）独立広場周辺はいつも賑やか

（上）美しいレース製品が並ぶ（下）チタデルに店を構えるバスション・レース

（上）絵画のように花で飾られたチタデルへの坂（下）ボリュームたっぷりTimpana（ティンパナ）

原因は嵐だとか。確かにここ2〜3日、かなり強い風が吹く日が続いていましたが、岩を崩してしまうほどだったとは……。ゴゾ島のみならず、マルタにとって貴重な自然の景観を失ったことになります。２０１７年3月8日。その日のニュースは、この話題で持ち切りでした。

その5日後。アズールウィンドウを再訪しました。荒涼とした石灰岩の岩肌、吸い込まれるようなブルーの海。付近のダイナミックな景色は、以前とまったく変わりありません。しかし、バスを降り、近づいてみると、「ひゃー、やっぱり窓がなくなってる！」　崩落前の姿を知っているだけに、なんともショック。「このウィンドウから、むこうの岬を臨む眺めも、素敵だったのに」。それに、このアーチの天井部を人が歩いていたことも思い出しました。さらに私は、ウィンドウ周りを巡るボートツアーも楽しんだのです。ボートから迫力ある岩の姿を堪能したのはちょうど1年前のこと。今日はそのボートも、ボートを漕いでいたお兄さんの姿もありません。私の隣で、老夫婦がため息をついていました。マルタ島在住のマルタ人で、わざわざここを見に来たのだとか。「仕方ないね。自然のすることだから」と、やるせない気持ちをなんとかおさめようとしていました。崩落前の絵葉書を手に、目の前の姿と照らし合わせているおじさんの姿も。ここに集った人は皆同じ思いで、この景色を眺めていました。ウィンドウのような形にしたのも、それを崩したのも、すべては自然の力。こんなにも劇的に観光地の景色が変わる例を、私は初めて体験しました。そんなわけで、アズールウィンドウはウィンドウではなくなってしまいましたが、ドウェイラ湾は、今もゴゾ島を代表する景勝地。**ファンガスロック**も迫力満点だし、**ブルーホール**をはじめ、ダイバーにとって魅力的なダイビングスポットであり続けています。

ファンガスロック（Fungus Rock）ドウェイラ湾に横たわる大きな岩。自生している薬草からその名がついた。この薬草は治癒効果があると言われ、騎士たちにも珍重された。

ブルーホール（Blue Hole）アズールウィンドウのすぐ横にあるゴゾ島随一のダイビングスポット。

マルサルフォルン（Marsalforn）

ソルトパン（Salt Pans）マルサルフォルン西の海岸線に広がる。ゴゾ

島で人気のビーチ、海沿いのエリアへ

ゴゾ島の北にある**マルサルフォルン**は、入り江に沿って、レストランやバー、ホテルなどが並ぶビーチリゾート。滞在先として観光客にも人気です。ここからさらに、海沿いを西に歩くと、**ソルトパン**と呼ばれる塩田が広がり、海水から天然塩を採取しています。このあたりは、風の強い日になると、立っているのがやっとという状態。吹き飛ばされそうになりながら、なんとか写真を撮ったこともありました。島でゆっくり骨休めできそうなもうひとつ場所が、**シュレンディー**湾。ゴゾ島で最も美しい漁港と言われています。こちらも深く切り込んだ入り江に沿って、ホテルやレストランなどが軒を連ねます。海辺でくつろぐ人たちのほか、ダイバーの姿もちらほら。

イムジャール・イッシーニは、知る人ぞ知る穴場のビーチ。ブラッド・ピットとアンジェリーナ・ジョリーが出演した映画『**白い帽子の女**』のロケ地として、近年にわかに有名になったところです。小さな入り江ですが、高台から見下ろす海は、誰もが息をのむほどの絶景。その魅力が映画人の心も動かしたのでしょう。二人が滞在したホテルからの眺め、ブラッド・ピットが車を運転した石垣の道などが随所に登場しています。数か月間、付近を借り切ってこれらのシーンを撮影したそうです。海辺のレストランで、昼食をいただきました。新鮮な魚介類を、鉄板の上で焼くというシンプルな調理法。日本の塩焼きを思わせる味で、マルタ在住の日本人も太鼓判を押す一軒です。ゴゾ島の南端、**タ・チェンチ**まで足を延ばしてみました。5つ星のリゾートホテルを通り過ぎ、さらに先まで進むと、観光客どころか、人の気配すらほとんどない荒涼としたエリア。それでもよく見ると、野生のハーブなどがしっかりと根をおろしているのが観察できました。

産の塩は大粒で粗削りなのが特徴。

シュレンディー（Xlendi）

イムジャール・イッシーニ（Mgarr Ix-Xini）タ・チェンチから続く1本道の先にある秘境。

白い帽子の女 原題『By the Sea』。2015年制作アメリカ映画。

タ・チェンチ（Ta' Cenc）岩だらけの大地が続くエリア。断崖絶壁のダイナミックな景色を満喫できる。

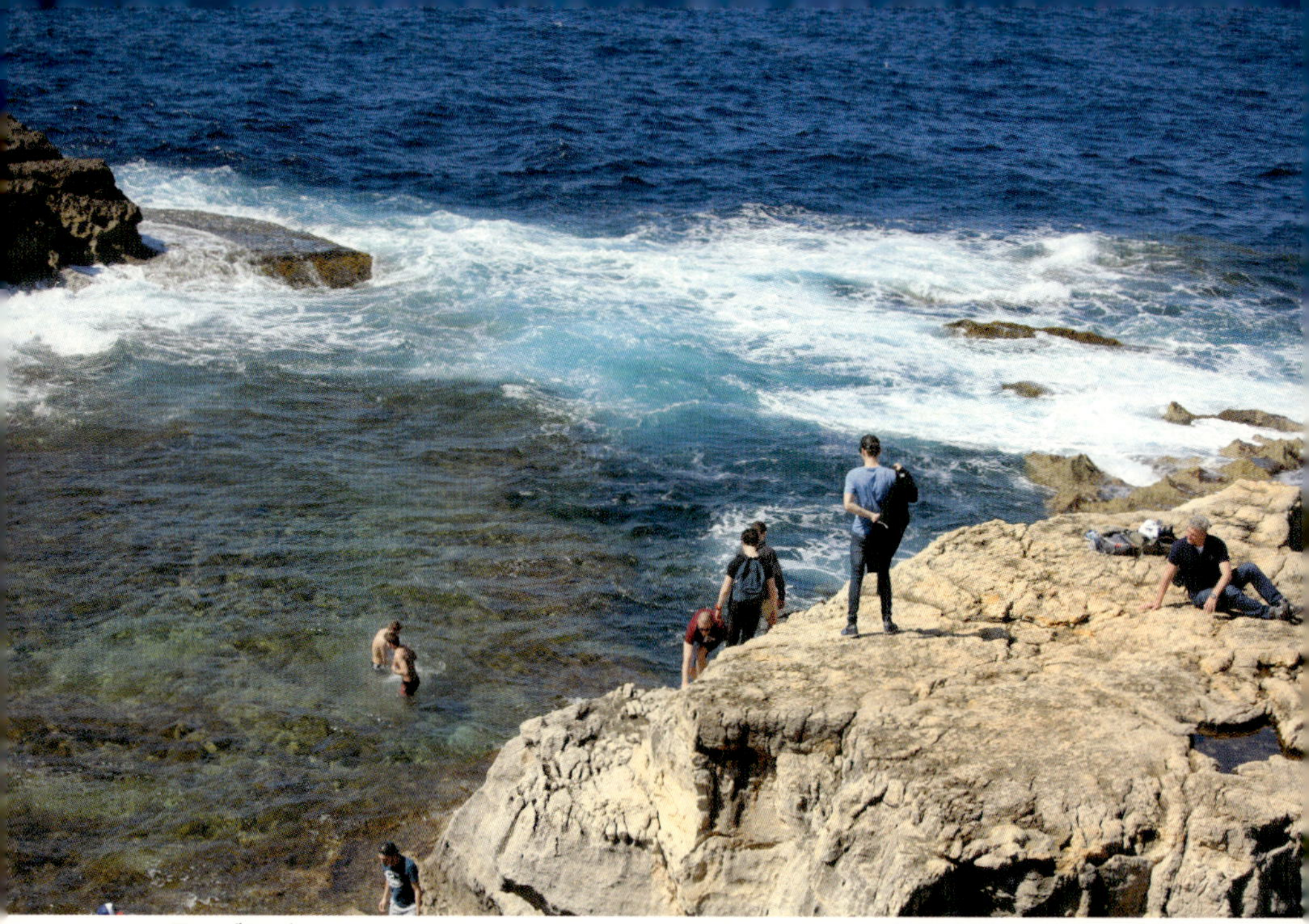

思わず飛び込んでみたくなるような澄んだ海。ダイバーたちも多い

巨大なファンガスロックも迫力満点
（下）シュレンディー湾のレストラン

ボートツアーを楽しむ観光客
（下）水遊びも気持ちいい！

（上）『白い帽子の女』のロケ地
（下）海沿いでくつろぐ親子

海辺のレストランでは、とれたての魚料理が楽しめる

北部の海岸線に沿って続くソルトパン。ゴゾ産の天然塩はおみやげにも人気

岩だらけのゴツゴツした平地の上にカートラッツを発見。こんなところに轍《わだち》の跡とは、なんとも不思議です。さらに先まで歩くと、海へ向かって切り出したような断崖絶壁。その豪快なこと！ちょうどこのあたりに来ると、ゴゾ島南の岬、コミノ島、マルタ島と三つ島の姿を一望できます。

早朝のラムラ湾で出会った素敵な風景

ヴィクトリアから302番のバスに乗り**ラムラ湾**へ。午前8時発なので、乗客もわずか。最後は私ひとりになっていました。バス停は海沿いではなく、その手前が終点。そうとは気づかず、ドライバーに教えられて、あわてて下車しました。ビーチまでの通り沿いには、ぶどう畑が広がり、どこかで飼っているのか、鶏の鳴き声も聞こえてきます。のんびり歩いて海辺に近づいていたときでした。「あの群れは何？」 あわてて後を追いかけると……。羊と山羊、その数30匹ほど。さらに羊飼い（？）のおじさんの姿。その群れは、湾を望む丘へと少しずつ登っていくようです。ちょこちょことついて行く仔羊も数匹。なんてかわいいんでしょう。おじさんは、ミルクやチーズを作っている農家。毎日1時間ほどかけてこのあたりを移動し、彼らに草を食べさせているのだそうです。牧羊犬の姿もなく、「逃げたりしないの？」と訊くと、「毎日こうしているから、彼らはちゃんとわかっているんだ」とか。朝ごはんの時間だからか、みんな食欲旺盛。おじさんは群れを誘導しながら、どんどん進んでいきます。ふと気づくと眼下にラムラ湾。赤味がかった砂の色が印象的なビーチは、丘の上からの眺めも抜群です。小波が打ち寄せる静かな海。草をついばむ山羊と羊の群れ。ゴゾの旅で最も心に残った朝の風景でした。

ラムラ湾（Ramla Bay）赤い砂が特徴の美しい砂浜を持つ。丘の上から地中海。マルタ語でラムラハムラは赤い砂の意味。

カリプソの洞窟（Calypso's Cave）オデュッセウスは、ホメロスの2大叙事詩のひとつ「オデュッセイア」に登場する。

タ・ピーヌ教会（Ta' Pinu Sanctuary）奇跡の教会とも呼ばれている。信者のみならず、近年人気の観光地のひとつ。

この先には、オデュッセウスが美しい妖精に引きとめられたという伝説の地、**カリプソの洞窟**があります。現在立ち入り禁止になっているので、残念ながら洞窟の中の様子は確認できませんでしたが。ラムラ湾の東側の高台には、人ひとり通るのがやっとという穴があり、そこを抜けると、大きな洞穴。ここから見下ろす海もまた壮観！

内陸部の観光スポット&メイド・イン・ゴゾの魅力

ゴゾ島の観光名所は海沿いだけではありません。島の内陸部、ガスリにある**タ・ピーヌ教会**もぜひ訪ねたい場所です。この近くを通った農婦が聖母の声を聴き、人々の病気を治したという逸話があるのだとか。さらに、奇跡の声によって、病気や怪我から救われたという人が後を絶たず、マルタ国内はもとより、世界各地から巡礼者が訪れるようになりました。教会内部の壁面には、彼らから届いた感謝の手紙などがぎっしり（下の写真）。この教会のパワーを見せつけられる思いです。１９９０年、ヨハネ・パウロ二世がここでミサを行いました。教会の向い側には、キリスト受難の物語が沿道に描かれた巡礼の丘。頂上には、りっぱなキリスト像が立っています。急な坂道は足にこたえましたが、ここを上った人へのご褒美のような見事な景色でした。

クラフト・ヴィレッジは、アーティストたちの工房兼販売所。ガラス、フィリグリー、陶器、石細工、皮革工芸品など、職人たちが腕を競っています。商品の購入はもちろん、製造工程を見学できる工房もあり、見ているだけでも楽しいもの。敷地内では、のんびりひなたぼっこしている猫たちにも出会えます。ここからさらに車で5分ほどの距離にある**フォンタナ・コッテージ**。

クラフト・ヴィレッジ（Crafts Village）工房のほかカフェやおみやげもの店も併設。午後は早くに作業を終えてしまう工房もあるので、見学は午前中がおすすめ。

フォンタナ・コッテージ（Fontana Cottage）

訪れる信者が絶えないタ・ピーヌ教会。緑が広がる内陸部でひときわ目立つ存在

草を食べながらゆっくりと丘を登って行った

カメラが気になる（？）山羊たち。ラムラ湾にて

タ・チェンチで見つけたカートラッツ

赤味がかった砂浜と青く澄んだ海が美しいラムラ湾

クラフト・ヴィレッジ内のおみやげもの店。手作りの作品に多く出会える

ラムラ湾東の高台にある洞窟の入口。前方に見事な海の景色が広がっている

レース製品やゴゾの食品など、ゴゾ島のおみやげになりそうな商品が揃っています。民族衣装を来たスタッフが、レース編みのデモンストレーションや試食販売も行っています。すぐそばに、アーチ型をした石造りのスペースを見つけました。かつて、この近所に住む女性たちが洗濯をしたところだとか。もはやその使命を終え、ひっそりとその姿だけをとどめていました（下の写真）。ヴィクトリアからクラフト・ヴィレッジに向かう通り沿いには、水道橋の一部も残っています。

ＬＣのロゴでおなじみの**ロードシャンブレー**は、２０１４年創業のクラフトビールメーカー。オーナーは、イタリア出身のサミュエルさん。材料を厳選し、こだわりの製法で、ボトルビール6種類を製造しています。ブルーラグーン、ファンガスロック、ゴールデンベイなど、マルタに関連するネーミングで、ロゴやラベルのデザインもおしゃれ。ビール工場があるシェウキーヤには、ここでできたビールを味わえるカウンターもあり、その日もファンで賑わっていました。

シャーラにある**ジュガンティーヤ神殿**を見学したあと、その先の**タ・コーラ風車**まで行ってみました。騎士団時代に造られ、１９８０年代まで使用されていたもの。今では、村のランドマークのような存在です。風車がある広場の向かい側、建物の上部に、オーストラリアの文字とカンガルーの彫刻が入った家を見つけました。なぜオーストラリアなのか。その答えは移民です。かつて、マルタ（特にゴゾ島）から、多くの人たちがヨーロッパへ、とりわけ英連邦の国々へと渡りました。オーストラリアもそのひとつ。特にメルボルンは、マルタ人コミュニティができるほどだとか。豪州へ渡ったマルタ人が、ゴゾ島へ帰還した証として建物に掲げているのです。今でも家族や親戚の誰かが他国に住んでいるのは、決して珍しいことではないそうです。多くの移民

ロードシャンブレー（Lord Chambray）http://www.lordchambray.com.mt

ジュガンティーヤ神殿（Ggantija

を送り出した島は今、世界中から観光客を受け入れるようになりました。

ゴゾ島に暮らす人は、マルタ人（マルチーズ）ではなく、ゴジタン（Gozitan）と呼ばれています。マルタは小さい国でありながらも、マルタ島とゴゾ島、それぞれのカラーがあるようです。人々の気質も違えば、幾分言葉も違うのだとか。観光客目線では、その違いはピンときませんが、地元の人たちにとっては、その差は意外に大きいのかもしれません。自然豊か、牧歌的、のんびりゆったり。そんなキーワードを持つ島は、外国人をも魅了するようで、あえてゴゾ島を選ぶ人も少なくありません。マルタ島ではなくゴゾ島に住みたい、その下見で訪問したと話してくれた日本人にも会いました。

マルタ島とゴゾ島。その間を**橋でつなぐという計画**が、過去に何度か持ち上がったそうです。もしそうなったら、2つの島をより短時間で行き来ができ、観光客もさらに増えることでしょう。バスとフェリーで移動する場合、マルタ島の北端チェルケウアまで行くのも大変なら、帰りも大変。接続が悪いうえ、チェルケウアからの帰りのバスはフェリー到着後、バス停に観光客がどっと押し寄せて混雑するなど、私も苦い経験を重ねました。もし2つの島が橋でつながったら、こんな思いをしないですむはず。しかし……。あえて、私はフェリーで渡りたい！　たった30分の船旅が、どれほど気分を高揚させ、どれほど心をなごませてくれたことか。船のデッキから眺める景色の美しさ。イムジャール港を後にするときの、なんとも言えないもの悲しさ。心残り。そしていつも思うのです。「ああ、もう少しゴゾにいたかったな。今度来るときは、ゴゾでもっとゆっくり過ごしたいな」と。

Temple）p11 8参照。

タ・コーラ風車
（Ta' Kola Windmill）内部の展示品を見学することができる。

橋でつなぐ計画
現在再び、二つの島を結ぶ海底トンネル計画が持ち上がっている。

ゴゾ島に残る水道橋跡。かつてはヴィクトリアまで続いていた

ゴゾ島のおみやげ物が揃うフォンタナ・コッテージ

観光客で賑わう店内。試食販売も行っている

ロードシャンブレー醸造所に併設されたカウンター。ビールファンが集う

現在は博物館となっているタ・コーラ風車

コミノ島　Comino Island

吸い込まれるような青い海で泳いでみたい

コミノ島の高台から見たブルーラグーン

マルタ島、コミノ島がのぞめるタ・チェンチクリフ。
青く輝くのはコミノ島のブルーラグーン

マルタ島とゴゾ島の間にある**コミノ島**。その魅力は、島の付近に広がる、限りなく透明に近い澄んだブルーの海。シーズンともなれば、海水浴、シュノーケリング、ダイビングを楽しむ人たちが押し寄せ、小さな島が一気に賑わいます。海に浮かぶ船が、まるで空に浮いているように見えると評判のブルーラグーン。まさに、インスタ映えする一枚が撮れそうです。

3月上旬のシーズン前、しかも今日は風が強いけれど、コミノ島へ行ってみることにしました。チェルケウワから小さなボートに乗船します。同乗したのは、女性一人、男性一人と犬一匹。港を出るやいきなり大波を受けてボートが左右に大きく揺れ、撮影どころか、とても立っていられる状況ではありません。船尾に立っていた女性は、頭から水しぶきを浴び、あわてて船室内へ。犬連れの男性は、犬を抱きかかえるようにして座り込んでいます。この揺れに恐れをなしたのか、犬がバタバタしたからです。波が苦手な犬なんですね。ボートを操舵しているおじさんは船内を気にとめる様子もなく、どんどん進んでいきます。もしこのボートに何かあったら、と思うと気が気ではありませんでしたが……。15分ほどでコミノ島到着。「ああ無事だった！」

目の前に広がるコバルトブルーの海。透明度抜群とあるキャッチフレーズ通り、吸い込まれるような美しさ！　ぜひこの海を見に、この海で泳ぎに、コミノ島まで足をのばしてみてください。シーズンに入れば、波も穏やかで快適なボートクルーズが楽しめます。

コミノ島　ゴゾ島イムジャール港もしくはマルタ島チェルケウワ港からボートで渡れる。また、スリーマからはボートツアーやクルーズツアーなども出ている。

コミノ島に向かうボートからの景色。岩の形がユニーク

ゴツゴツした石灰岩が切り立った様子がボートから見ることができる

vodafone
vodafone
FANCY AN ICE CREAM?
70
3432

Part 2
もっともっと楽しみたいマルタ

- 英語を学ぶ
- アウトドア
- インドア
- フード
- ショッピング
- ステイ
- ナイトライフ

〜インターナショナルな島で言葉を磨く、異なる文化に触れる〜

英語を学ぶ

マルタの公用語はマルタ語と英語。家庭内ではマルタ語を使うこともありますが、多くのマルタ人は普段から英語でもコミュニケーションをとっています。さらにマルタは英語留学のメッカ。島内には40を超える**語学学校**があり、世界中から英語を学びに訪れています。会話、文法などを学ぶ一般的な英会話コースからビジネス英語、試験対策、プライベートレッスンなど学習プログラムも多彩。また受講期間や好みに合わせて、滞在方法も選べます。日本人スタッフを置いているところもあるので、初めての留学でも大丈夫。**1週間から**手軽に始められるのも魅力です。

まずは留学先として、マルタが選ばれる理由を挙げてみましょう。

①世界中の人たちと出会える、交流できる

EU圏の非英語母語話者だけでなく、ロシアや北アフリカ、遠くは中南米からも英語を学びにやって来ます。日本をはじめアジアからの留学も増えつつあります。まさに世界中の人たちと知り合えるチャンス。さまざまなバックグランドを持つ人たちと交流できます。

②抜群の治安のよさ、女性ひとりでも大丈夫

海外留学の際に懸念することのひとつは、現地の治安や安全性。その点マルタなら安心。犯罪件数が極めて少ない国だからです。ホームレスやストリートチルドレンの姿を見かけることもな

語学学校　セントジュリアン、スリーマ、グジーラに多い。

1週間から　授業は月曜スタートの1週間単位。ホームステイなどの滞在先も授業期間に合わせて手配するのが基本。初日、もしくは事前にプレイスメントテストが実施され、その結果でレベルとクラスが決定する。

学費　学校や授業科目により授業料は異なるが、総合英語1日3時間の週5日クラスの場合、1週間で150～200ユー

く、夜間の女性のひとり歩きも問題ありません。もちろん、外国ですから常に回りに気をつけてください。

③授業料や物価が比較的リーズナブル

英語圏の他の国に比べ、比較的安い**学費**で学べます。また、生活費なども、欧米先進国の都市に比べると全体的にリーズナブル。費用を抑えつつ英語を学べるメリットを生かしましょう。

④アクティビティやワンデートリップなど授業以外のプログラムも多彩

学校ごとに受講生向けのさまざまな**アクティビティ**が計画されています。1週間ごとに発表されるプログラムをチェックして、希望者が参加申し込みをする仕組みです。ただし、シーズンや週、天候などによって変更になることもあるので、過去の情報はあくまでも参考程度に。

⑤「学び」と「遊び」の両方を満喫。ヨーロッパ諸国へも近い！

「学び」も「遊び」も、堪能できるのがマルタの魅力。マルタ島内の観光はもちろん、週末などには、ゴゾ島やコミノ島へ足をのばしてみるのも楽しいでしょう。ＬＣＣなどの格安航空券も入手しやすく、マルタを拠点に手軽にヨーロッパや地中海エリアを旅することもできます。

⑥中・高校生からシニアまで世代を超えて学べる環境

30代以上や50代以上など、年齢を制限したクラスを設けている学校もあります。中高年もシニアも、若い世代と肩を並べて切磋琢磨しています。最近は、中・高校生の学習者も増加中。修学旅行や英語研修などにマルタを選ぶ学校も出ているなど、幅広い世代に受け入れられています。

⑦新ルール！　学生ビザでアルバイトも可能に！

ロ（登録料や教科書代などが必要な場合もあり）。学習期間が長くなれば割引してくれる学校もある。夏のピークシーズンは、授業料も20〜30％アップする。毎年変更があるので、最新の情報を確認のうえ手続きを。

アクティビティ
ウェルカムパーティ、ヴァレッタ・イムディーナ・ゴゾ島ツアー、ダイビング体験など。受講生が無料で参加できるものと別途参加費が必要なものとがある。

これまでマルタでは、学生ビザでの就労が禁じられていたのですが、2018年4月からの新ルールで学生ビザでも働けるようになりました。90日以上の学生ビザ所有者が、入国後90日以上であれば、週20時間以内の就労が可能。ただし、雇用先の協力を得たうえで、労働許可の申請書類を提出しなければなりません。申請に手数料がかかること、許可が下りるまでに数週間ほどの時間がかかることなどにも注意が必要です。職種や労働時間の制限があるとはいうものの、合法的に「英語を学びながら働く」という道が開けたことは画期的です。

留学のスタートは情報収集から。まずは語学留学に関するパンフレットなどを入手したり、インターネットで学校の情報を調べたりしてみましょう。なかなか判断がつかないときは、留学エージェントへ。マルタ留学専門のところもあり、会社によっては、説明会や個別相談会などを実施しています。また、留学を扱う旅行代理店を利用するという方法もあります。パンフレットなどで提示している、学習者の国籍内訳の日本人比率は、1年間を通しての割合です。これはマルタに限ったことではありませんが、学生が動きやすい春休みや夏休み時期は、日本人学生が一気に増える学校もあるようです。振り分けられるクラスにもよるので、書かれた数字だけをうのみにしないこと。彼らを通さず、直接、現地の学校に申し込むことも可能です。

次に、マルタでホームステイをする際のポイントをご紹介しましょう。

①どんな家庭でも異文化を楽しむ気持ちで

ホームステイをリクエストした場合、朝夕2食（もしくは3食）とベッドのある部屋が提供されます。一般的にホストファミリーは、特定の、もしくは複数の語学学校と契約し、学校から紹介で学生を受け入れています。学校側は、学生のプロフィールやリクエスト、受け入れ期間などをもとに滞在先を調整します。ホームステイを希望する場合は、アレルギーの有無、たばこを吸うか否か、ペットや子供はOKか、などについては事前に確認がなされますが、それ以外の項目についてはリクエストできないことがほとんど。また、一つの部屋を占有できたとしても、ホストファミリーがいくつかの部屋を所有し、同時に複数の学生を受け入れていて、バスルームなどはシェアするケースもあります。ホストファミリーは、場所や部屋の状況、食事の内容などの要件をクリアしていること、学校からの要望等に応じることができる家庭であること、ホスピタリティ精神にあふれていること、などが求められます。そのうえで、できることはこれとこれ、とはっきり線引きをしています。家族と一緒に遊びに出かけることは、ほぼないといっていいでしょう。食事の時間や内容も、家族と同じではないことも。親代わりというスタンスではなく、「部屋と食事を提供してくれる家庭

の滞在先」と捉えておくのがいいようです。それぞれの家庭の雰囲気を楽しめるかどうかがカギ。

②イエス・ノーをはっきりと

これはホストファミリーへの対応に限ったことではありませんが、イエスかノーをはっきり伝え、さらにその理由を論理的に説明する必要があります。日本のように、相手が察してくれるのを期待し、あいまいにやり過ごして済まされることはありません。これを英語でするのは大変ですが、こうしたプロセスこそが異なる文化で学ぶ意味と受け止めましょう。英語ができないからとあきらめるのではなく、伝えようとする気持ちが大切なのです。

③節水、節電を心がける

マルタには川がなく、水が大変貴重です。シャワーはできるだけ短時間に済ませ、節水を心がけましょう。また、電気代が高いこともあり、部屋の明かりなども必要以上につけなかったり、暗かったりすることもあります。マルタの実情を踏まえた上で、大人の対応を。

日本と同じではない、同じを求めない

マルタの語学学校に勤める日本人女性スタッフから聞いた話です。短期留学した日本人の女子大学生が、持ってきたドライヤーが使えないと泣きついてきたのだとか。日本とマルタとでは電圧が異なることは、旅行者にとって基本中の基本の情報。女性スタッフは「そんなことも調べずに来たの？」と驚かされたと言います。その学生にとっては、初めての海外、初めての留学だったのかもしれませんが、それにしても、です。日本の留学エージェントや旅行代理店などは、事

前にていねいな説明に努めているようですが、他人まかせで来たのでは、とあきれ顔でした。

気になるのは、若い世代だけではありません。ホームステイ先で、暗い部屋を提供されたと文句を言ってきたシニアがいたそうです。一般的にマルタの家の構造は、入り口が狭く、奥行きのある細長い形になっているので、どの部屋も十分な明かりが取れるわけではないこと、夏の暑さが厳しいマルタでは、日当たりのよい南向きの部屋ではなく、より涼しく過ごせる部屋のほうが好まれることなど、丁寧にマルタの事情を説明して理解を求めたそうです。

日本的サービスや便利さは、大変ありがたいことであると同時に、過剰すぎる面があること、私たちはそれに甘やかされていることも心しておかなければなりません。外に出て、同じ目線で過ごし続けると、ストレスばかりがたまることに。国が違えば、システムも考え方も違うのは当たり前。それを受け入れ、どうポジティブに変えていくか。語学留学は、言葉を磨くことはもちろん、自分のキャパを広げる機会にしたいものです。

狙われる日本人女性、甘い言葉にご用心！

ある語学学校で起こった事件です。その学校のレジデンスは、基本的には学生のための滞在先でしたが、部屋に空きがあるときは、一般の長期滞在者などにも提供していました。レジデンス内のフリースペースは、滞在者同士の交流の場。日本から来たひとりの女子大学生が、そこである男性と出会います。しばらくして、少し仲良くなったころ、「個人的に英語を教えてあげる」と切り出されたとのこと。さらに、彼の部屋へ来ないかと誘われたのです。あいまいな態度のまま、その男性に促されて、彼の部屋へ。その後、彼の態度が豹変。さすがに「やばい！」と思った彼女は、その男性のすきを見て、部屋から逃げ出し、事なきを得たとか。別の滞在先に移りたいという理由を聞き、語学学校のスタッフがこのいきさつを知ったというわけです。

そもそもこの男性は何者なのか。彼女はレジデンスに住む一般の滞在者だと理解していたようですが、そうではなかったのです。では、なぜレジデンス内に入れたのか。滞在者のみに渡されるカードキーを使ってしか、各部屋はもちろん、建物内にも入ることはできないというのに。実は、ある国からの一般滞在者として、友人がレジデンスで部屋を借りていたようなのです。うまいタイミングで建物の中へ入り込んだのでしょう。彼女からの情報によると、その男性と何度かフリースペースで会ったようで、大胆にも、友人の部屋で数日滞在していたのかもしれません。事件後、レジデンスにチェックが入り、その男性はもちろん、部屋を借りていた同国の男性も追い出されました。レジデンスの受け入れ態勢やセキュリティチェックが甘かったことも指摘され、関係者は厳重注意を受けたそうです。

この事件直後、彼女はあまりのショックを受け、しばらく泣きくずれていました。聞くと、ひとりで留学したのだとか。その意欲と決断は評価に値しますが、先の行動はあまりに軽率。日本の同年代の男性なら、こんな危ない思いをすることがなかったのもしれませんが、外国ではそうはいきません。学校のスタッフも、言動や行動に注意するようにと、何度も念押ししていました。一般的に日本人の若い女性は御しやすいと、あえて狙ってくるふとどきな男性もいるようです。親しくなることも大切ですが、それも相手次第。女性のみなさん、くれぐれもご注意を！

海と緑と太陽と。マルタの自然を味わいつくす

アウトドア

乗馬――ひと味違うマルタを体感

語学学校では、週替わりでさまざまなアクティビティが計画されています。語学学校の掲示板で見つけたHorse Riding。「マルタで乗馬ができるの？」初心者でも問題ないとのことで、私も体験してみることにしました。

体験当日の午後3時、学校前に乗馬クラブから迎えのワゴン車が到着しました。もう一人、マルタで仕事をしながら学校に通っているイタリア人学生も参加するようです。馬が大好きだから希望したとのこと。陽気でおしゃべり好きの女性です。車はモスタを過ぎ、さらに内陸部へ。このあたりまで来ると、海はまったく見えず、民家もほとんどありません。四方八方が緑。細い田舎道に入り、車は土埃をあげ、左右に体を揺らしながら進みます。馬のマークの入り口が見えたところで、ドライバーがブレーキをかけました。

すでに来ていた男女のカップルは、乗馬のスタンバイＯＫ。彼らも合わせて、今日の体験者は4人。私も急いで準備します。といっても、荷物を預けて、ヘルメットをかぶるだけ。よっこらせと馬にまたがり、いよいよスタートです。私だけが初心者で、女性スタッフの手引きで先頭を歩き、他の3人はひとりで馬を操れるようなので、一列になって私の後に続きます。少し施設内で慣らしたりするのかと思ったら、いきなり外の道へ。「大丈夫かな？」

乗馬　体験したのはBidnija Horse Riding www.bidnijahorseriding.com ホテルなどへの送迎サービスあり。

馬が駆け出したりしないよう、女性が行き先とスピードをコントロールしてくれます。行く手には、石がゴロゴロしていたり、幾分アップダウンがあったり。振り落とされないよう、手綱を持つ手に思わず力が入ります。最初は馬の足元にばかりに目をやっていましたが、しばらく歩くと、少しずつ景色を楽しむ余裕も出てきました。普段に比べてぐっと目線が高いので、かなり遠くまで見渡せます。さえぎる建物もなく、まさに見晴らし抜群。畑や牧草地が大パノラマになって広がっています。馬の蹄の音だけが響き、澄んだ空気に陽の光がキラキラと輝いていました。田園風景を楽しみながら、馬の背に乗ること約50分。

施設内では、乗馬やカロッチン用の馬が数頭いるほか、牛、羊、山羊などの姿も。ここでチーズも作っているようです。人の気配に反応したのか、別の小屋にいた鶏やあひるの群れが一斉に鳴き出して、コーラスもにぎやか。マルタには動物園と呼べる場所はないけれど、こんなふうに動物と触れ合えるのが、むしろマルタらしいのかもしれません。アウトドアアクティビティは、海がらみだけではないことを実感しました。

クルーズ——海からの景色で知る今と昔

スリーマ・フェリー乗り場近くの海沿いを歩いていると、やたら声がかかります。そのわけは、ゴゾ島やコミノ島へのワンデイトリップや**ハーバークルーズ**など、ボートやフェリーツアーの呼び込みです。このあたりを行き来するたびに、彼らにノーサンキューを繰り返していました。いつかは乗ってみたいなと思いながらも。帰国が迫ったある日の午後。タイミングよくハーバーク

ハーバークルーズ
・Captain Morgan
www.captainmorgan.com.mt
・Luzzu Cruises
www.luzzucruises.com
スリーマ・フェリー乗り場付近でパンフレットなど入手可能。

ルーズに参加できることになりました。今日は天気もよく、風もおだやか、クルーズ日和。5分前に乗船したとき、上階はすでに観光客で満席でした。

午後2時45分、スリーマ・フェリー乗り場を出航。船内のガイドアナウンスも始まりました。スリーマの岬を左手に見ながら、対岸のヴァレッタが迫り、皆いっせいにカメラやスマホを向けます。誰もがこの眺めにうっとり。船はゆっくり左に舵を切り、ヴァレッタの沖合、外海へと進んで行きます。右手には、聖エルモ砦。海側から見る砦は思った以上の高さと迫力です。海から攻めてくる敵を監視し、威圧し、ここで食い止めなければならないため、強固なつくりになるのは当然といえば当然のこと。

聖エルモ砦の先端から赤い橋が見えるあたりに来ると、船は大きく波を受け始め、立っているのがやっとの状態に。さっきまでの静かな海とはまったく違った表情を見せています。しかし、それもほんのわずかな時間。スリーシティーズを左手に見ながら、ヴァレッタ沿いをシベラス半島の付け根のほうへ向かうと、再びおだやかな内海に戻ります。入り江の最も奥にある町、マルサ（Marsa）が近づいてきました。船内アナウンスがマルサとは、港のことを指していると説明しています。たしかに、マルサシュロック、マルサスカーラ、マルサルフォルンなど、マルタにはマルサと名のつく海沿いの場所がいくつかあります。ここマルサは、地中海交易の拠点のひとつとして、多くの倉庫があった場所だとか。

ここで向きを大きく変えた船は、セングレア、コスピークワ、ヴィットリオーザと、それぞれの半島に沿って入り江深くに潜り込んで行きます。ヴァレッタのみならず、スリーシティーズサイドも、防御の名残りがあちこちに。セングレアの先端にあるヴェデッテ監視塔は、城壁に張りつくように建てられ、海側から眺めると、なんとも威圧的。さらに、聖アンジェロ砦、リカゾーリ砦など、それぞれの半島の先には、砦や要塞が続きます。再びヴァレッタの先端を回り、マルサイムシェット・ハーバーを奥へ奥へ。マノエル島の脇を通り、スリーマへと戻ってきました。

風光明媚なマルタを堪能できる1時間15分のクルーズ。ここちよい風に吹かれながら、まさにのんびりできるひとときです。その一方、目にした砦、要塞、監視塔の数々。陸から見るのと海から見るのとでは、その印象がかなり違います。これほどまでに執拗に、強固に、外敵に備える必要があったマルタの過去を思うと、なんだか複雑な気持ちになるのでした。

マラソン——初心者からベテランランナーまで楽しめる

「よかったら出場してみませんか?」２０１７年のマラソン大会は、私の滞在中に開催されるとのこと。ありがたいお誘いでしたが、普段ちょっと走っただけでも息があがるほどなのに、マラソンなんて、とてもとても……。それにしても、ホノルルやボストンなどマラソンで定評のある都市の開催ならともかく、マルタでマラソンなんて出場者がいるの？　そう高を括っていたのですが。

正式名は、**マルタ国際マラソン**。１９８６年にスタートし、すでに30年以上にわたって開催さ

マルタ国際マラソン　２０１８年は2月25日に、２０１９年は2月24日に開催された。詳細はマルタ観光局のサイトで。www.mtajapan.com

れてきた定評のある大会だったのです。フルマラソン、ハーフマラソンほか4種目。地中海に位置する地の利をいかし、ヨーロッパ諸国で一番早い時期の国際大会で、毎年2月の下旬から3月上旬の日曜日に開催されています。ちなみに、2017年は3月5日でした。この時期のマルタの気温は10〜17度と、快適に走れそうな気象条件も魅力です。イムディーナをスタートし、島の内陸部を東へ抜け、スリーマ・フェリーターミナルまでの42・195キロ。標高差約200メートルを下る片道のコースで競います。

開催日当日、ランナーを応援しにスリーマに向かうと、すでに通りの両サイドは人でぎっしり。とりわけゴール付近は、応援団で埋め尽くされていました。「君ならできる！」「あと少しだ、がんばれ！」「でかした、よくやった！」。最後の力を振り絞ってゴールに向かうランナーを、マイクを持った男性が熱く励まします。性別、年齢ともにバラエティ豊かな出場者たち。予想以上に多くの外国人ランナーの姿を目にしました。この年、すべての競技の完走者は4000人に近くにもなったとか。日本から参加したランナーも80人を超えました。マラソンの日程に合わせたツアーもあり、参加の手続きや滞在先などもアレンジしてくれます。マラソン好きの方は、マルタでチャレンジしてみてはいかが？

マリンスポーツ――地中海を私流にエンジョイ！

マルタではウィンドサーフィン、ジェットスキー、セーリングなどの海のアクティビティも盛んに行われています。中でも人気が高いのが**ダイビング**。海が穏やかなうえ、30メートルの深さ

ダイビング ダイビングセンター情報 https://www.visitmalta.com/jp/dive-centres

まで見通せるほどの抜群の透明度を誇ります。マグロの群れが回遊する珍しいエリアもあるほか、沈没した船や戦時の残骸などが今も海底に眠っている場所では、探検気分も味わえることでしょう。さらに興味深いのは、海底に沈むイエス・キリストの像。海の中にも祈りの場があるとは、なんともマルタらしいところ。そんなマルタの海に潜りに、世界中のダイバーがやってきます。40以上もあるダイビングセンターでは、インストラクターや専門スタッフが常駐。彼らの指導、案内のもと、初心者から上級者までダイビングを楽しんでいます。

ゴゾ島で**カヤック**体験ができると聞き、島の訪問日に合わせて申し込みました。インストラクターは、南アフリカ出身のクリスさん。足のサイズ32センチ、体重は私の3倍くらいもありそうな超ビッグな男性です。3年ほど前からゴゾに住み始め、大好きなカヤックでビジネスを立ち上げました。彼の拠点はゴゾ島の南東、オンドックですが、島のどこからカヤックをスタートさせるかは天候次第。パドルの使い方なども丁寧に教えてくれるそうで、まったくの初心者でも問題ありません。私もマルタでカヤック初体験、と期待していたのですが、あいにく申し込んだ日は強風で断念。次回のゴゾ島訪問の際には、ぜひチャレンジしたいことのひとつです。

グジーラやヴィットリオーザなどのマリーナには、ヨットやクルーザーなどが横付けされているのを目にします。休日は優雅にセーリングを楽しめる富裕層も、マルタには結構いるようです。何はともあれ、マルタには魅力的なビーチがいくつもあります。そこで泳ぐもよし、日光浴するもよし。そして何より、青く澄んだ海を見ながら、のんびりした時間を過ごせることこそが、最も身近なアクティビティ（?）と言えるのかもしれません。

カヤック Kayak
Gozo www.kayak gozo.com

島の芸術・文化に魅せられて

インドア

レース――ボビンを駆使して複雑な文様を生み出す

レースはマルタの代表的な工芸品のひとつ。ショールやブラウス、襟飾りなどの服飾品のほか、テーブルクロスやタペストリー、小物入れなど、さまざまな種類のレース製品を目にします。マルタのレースは、工場などで大量生産されているものではなく、100%ハンドメイド。16～18世紀にヨーロッパからマルタに伝わり、島の農家の女性たちを中心に、家庭内で編み継がれてきたものです。繊細で複雑な編み目、手作りのあたたかみや風合いなどで、人々を魅了し続けてきました。

　レースを編む際には、ピローと呼ばれる枕に似た台を使います。これを体と向き合うように斜めに立てかけて固定。ピローの上をピンで止めながら、レース糸を巻いた何本ものボビンを動かしていきます。複数のレース糸をからませながら編み進めていくと、草花やマルタクロスなどの編み目ができていくのです。

　ゴゾ島南部の小さな村、サナット在住の**ノエラさん**はレースの作り手のひとり。また、各家庭で編まれたレース作品を集め、おみやげもの店に卸したり、個人向けに販売したりもしています。リビングの壁面やテーブルなどには、レース作品がずらり。中には、完成までに1年近くもかかったという力作も飾られていました。

レース（Lace）
お店や商品によっては、手編みではなく機械編み製品が売られていることもある。これらの多くは大量生産した輸入品。購入の際はよく確認を。

ノエラさん（Noella）
Noella's Original Handmade Lace のオーナー

サンタルチアに暮らすシュゼッパさんが、レース編みを始めたのは14歳のとき。母から教わったのがきっかけでした。彼女に限らず、祖母から母へ、母から娘へと手ほどきを受けるのが一般的。そのため、家庭独自のモチーフや編み目パターンがあるそうです。どんな模様を編むかによって使用するボビンの数は変わり、複雑なものになると30本以上ものボビンを使用します。また、異なる模様を2枚重ねのように編んでいくのは、高度な技術が必要だとか。彼女が編むときは、見本もなければ、下絵も描きません。すべて頭の中にあり、ひとりでに手が動きます。そのなめらかさ、その速さ！　こちらは、それを見ているだけなのに、その速さに追いつかないくらい。

レース用として、綿糸のほか、光沢あるシルク糸も使われます。色はシャンパンカラーと呼ばれるクリームがかった生成りが主流ですが、黒糸や赤糸で編まれた作品も目にします。黒糸は編み目が見づらく、さらに大変で時間もかかるとか。

まさに、レース編みは複雑で細かい作業。高度な技術のほかに、根気と時間も必要とします。しかしながら、編んだレース作品を売って生計を立てるには、制作単価は安く、厳しい環境と言わざるを得ません。かつては、島の多くの女性たちに受け継がれていましたが、今はその担い手のほとんどは高齢の女性。その数もすっかり少なくなったそうです。

長年編み続けてきたシュゼッパさんならではの手さばき

フィリグリー――銀線で表現するアートの世界

繊細なフォルムとシルバーの輝きを持つ**フィリグリー**。銀線細工とも呼ばれ、細い針金を操り、レースのような見事な透かし模様を生み出します。そのルーツは古く、すでに古代エジプトで始まっていたとか。その技法が地中海エリアにも広がりました。マルタでは騎士団時代に発展を遂げ、時代を超えて人々に愛され続けているのです。

グジーラにある工房で、今日もフィリグリー作りに励む**ケヴィンさん**。30年以上にもわたり、フィリグリーと向き合ってきました。現在、マルタ政府による専門家の認定も受けているプロ中のプロ。ケビンさんの手ほどきで、私もペンダントヘッド作りに挑戦しました。

糸のように細い銀線を自在に操ることがフィリグリーの基本。銀線をくるくる回しながら、ごくごく小さな輪の形にしていきます。まさにミリ単位の細かい作業。さらに、何本かの銀線を重ねていき、模様を完成させます。次に、バーナーでの溶接です。熱で銀線を溶かし、パーツをつなぎ合わせます。その火加減が微妙。あまり強く当てると溶けすぎてしまうのです。溶接後、水洗いしたり、やすりで磨きをかけたりしながら仕上げていきます。ケビンさんなら、この1つを完成するのに20分程度だそうですが、慣れない身には、もたつきながらの1時間。しかも、ケビンさんの手を借りながら、どうにか形になったというところでしょうか。それでも、世界にひとつだけのオリジナルフィリグリーができあがりました。

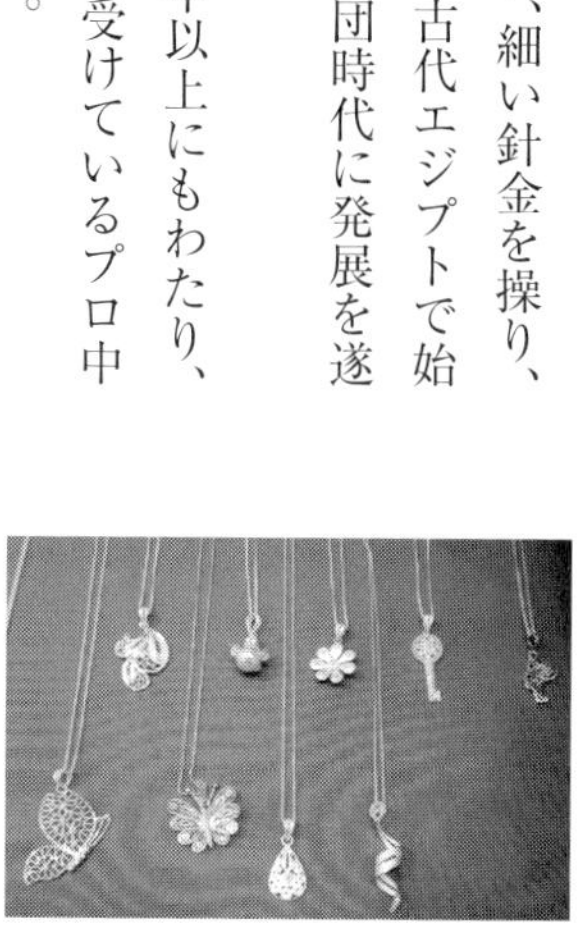

フィリグリー（Filigree）

ケヴィン（Kevin Attard）**さん**
FB:Handcrafted maltafiligree フィリグリー体験についてはケビンさんへ連絡。

フィリグリーのアクセサリーは種類も豊富で、おみやげにもおすすめ。ヴァレッタなど、島内にいくつかショップがあるほか、**クラフト・ヴィレッジ**などでも扱っています。

ガラス工芸――マルタの自然を色と形に込めて

ガラス製品もまたマルタの工芸品としてよく知られています。ゴゾ島のクラフト・ヴィレッジに工房を持つ**ゴゾガラス**は、業界のリーディングカンパニー。エンジニアだったルパートさんがイギリス人の工芸家に習い、１９８９年に創業しました。マルタの自然をモチーフにした鮮やかな色合いが特徴です。この工房で独創的な作品を制作し、併設のショップで販売しています。

この日制作していたのは、羽がついたような形のオレンジ色の置物です。長い棒の先にガラスの原料をつけ、まずそれを１１００度の窯でしばらく溶かすところから。さらに高い温度の窯に入れて溶解。最後は１５００度の窯へ。すでにガラスが飴のような柔らかい状態になっています。そして、ここからが腕の見せどころ。窯から取り出し、左手で棒をくるくると回しながら、形づくりに入ります。途中途中で、棒の先から息を吹きかけて中から膨らませたり、ペンチのような道具を使って曲線を描いたりしながら、イメージする形に仕上げていくのです。それを一瞬のうちに、躊躇なく進めるのがポイント。考えたり迷っていたりする暇などありません。状態を見極めながら、手がひとりでに動くようになるには、訓練あるのみ。

ちょうど工房を訪ねたとき、ひとりの若い女性が指導を受けていました。遠くブルガリアから来たインターンです。ガラス工芸に魅せられ、自分の手でも作れるようになりたいと、ここで学

クラフト・ヴィレッジ（Crafts Village）マルタ島には、タ・アーリに、ゴゾ島には、タ・ビージにある。工芸品の工房が集まり、製作工程の見学ができるほか、商品の販売も行っている。

ゴゾガラス（Gozo Glass）日本でも購入可。総輸入元Malta Glass Japanで扱っている。www.malta-glass.jp

び始めて1年半になるそうです。ガラス工芸は、実にハードワーク。なんといっても高熱の窯、そこへ何度も入れたり出したりしながら、形作っていくのは大変な重労働です。しかも、常に危険と背中合わせ。彼女も「慣れないうちは、火傷だらけだった」と苦笑いしていました。数多くの困難を乗り越え、今やその魅力を次世代につなぐ貴重な存在。しかも、海の向こうから、マルタへ渡って修業を積んでいるのです。なんと、たくましい女性だこと！

ワインテイスティング——マルタワインを味わう極上の時間

マルタには、ゴゾ島も含めて6つの**ワイナリー**が、ガイド付きツアーやワインテイスティングを行っています。そのひとつが**マルソヴィン**。創業100年を迎えるというマルタワインメーカーの老舗です。会社の歴史やワインの製造方法などについて説明を受けたあと、狭いらせん階段を降りて地下のワインセラーへ。ひんやりとした部屋には、マルソヴィンの刻印入りのオーク樽がぎっしり。見学者が次々に切るシャッターの音が、セラー内に響きます。見学のあとは、待ちに待ったワインテイスティング。白、ロゼ、赤の順に、5種類を一杯ずつ。チーズ、オリーブなど、充実したおつまみも併せて提供されました。

タ・アーリにある**メリデイアーナ・ワイン・エステート**もワインテイスティングを行っています。敷地内は見渡す限りぶどう畑、その一角にある建物が今日の目的地です。豪華な雰囲気のレセプションホールを抜け、地下のワインセラーを見学し、テラス席へ。ワインについての説明を聞きながら、試飲が始まりました。この日は赤2種類、白1種類。ぶどう畑を臨みながら、ゆっ

ワイナリー マルタ島、ゴゾ島ともに品質のよいぶどうが育ち、ワイン製造も盛ん。マルタ産のぶどうを使用したワインかどうかは、ラベルのD・O・KもしくはI・G・Tの表示をチェック。

マルソヴィン (Marsovin) カラヴァッジョ作品のラベルがついたワインボトルでもよく知られている。見学ツアーは要予約。www.marsovin.com

たりとワインを味わうひととき。まさに贅沢な時間です。日本では手に入りにくいマルタ産ワイン。帰国後も楽しみたいと思って、帰りがけ赤白6本のワインを購入しました。会社で箱詰めし、日本まで送ってくれるのはありがたかったのですが、郵送の方法は空輸のみ。ワインの値段以上の輸送コストになり、財布のほうはちょっといたかったけれど。2週間ほどして日本で受け取り、日本で友人におすそ分けしたり、我が家で味わったりして、存分に楽しみました。

オペラ鑑賞——マノエル劇場で過ごす特別な夜

一度は観客としてこの劇場を訪れてみたい！　最初に**マノエル劇場**を訪問して以来、ずっとそのチャンスをうかがっていました。マルタ2度目の滞在中、偶然にも見つけたのです。「Le Nozze Di Figaro」と書かれた公演のポスターを。よく見ると、今日が公演の最終日。ダメもとで劇場まで行ってみると、40ユーロの席がわずかに残っているとのこと。入手できたのは舞台に向かって右側の2階のボックス席でした。ステージ右は角度的に幾分見づらいとはいうものの、オーケストラピット全体が見下ろせ、にわかに気持ちも高まります。

午後7時30分、オーケストラの演奏とともに幕が開けました。歌やせりふはイタリア語なので、英語とマルタ語の字幕が用意されています。私にとって「フィガロの結婚」は、これまで何度か観ているオペラのひとつ。筋も知っているし、おなじみの曲もいくつか。今夜のそれは、舞台設定といい、衣装といい、とても現代的な演出。魅力的な歌声だけでなく、演技もリアルでオペラファンの心もくすぐります。興味津々で楽しんでいるうちにインターミッション。休憩をはさみ、物

メリディアーナ・ワイン・エステート（Meridiana Wine Estate）見学ツアーは要予約。www.meridiana.com.mt

マノエル劇場
P21参照。

語は続きます。10時半過ぎ、オペラはさらに盛り上がりを見せるなか、帰り時間が気になってきました。滞在先のセントジュリアンまで戻らなければならなかったからです。バスターミナルから出る終バスは10時58分。終了予定時刻を過ぎても、オペラが終わる気配はまったくなく……。10時45分。後ろ髪をひかれる思いで、劇場をあとにしました。「ああ残念！　最後まで楽しみたかったのに」。それにしても、このオペラ、いったい何時に終わったのかしら？

試してみたいマルタの味

フード

ヨーロッパ、アジア、アラブなど、さまざまな料理が楽しめるマルタ。中でも、最もポピュラーなのがイタリア料理です。ピザやパスタなどを提供する店があちこちにあり、ファストフードから本格レストランまで選択肢が豊富。近年、寿司やラーメン、トンカツなど、日本の味を扱う店も増えてきているようです。

マルサシュロックは、シーフードレストランが充実しています。その日仕入れた魚を店頭に並べ、その場で調理してくれる店も。たいていは一匹丸ごとなので、何人かでシェアするのがいいでしょう。タコはサラダにしたり、煮込んだりと、マルタで好まれる食材のひとつ。また、白身魚のシーラはマルタ語でランプーキと呼ばれ、グリルしたり、パイにしたりと人気の魚です。

寿司はマルタでも人気の日本食

マルサシュロック
p48参照。

もちろんあります、マルタ料理専門の店も。そこで供される代表的な料理と言えば、ラビットシチュー。最初は、「えー、うさぎ肉を食べるの？」と、いささか抵抗を感じたのですが、思い切って食べてみれば、実に美味。クセがなく、赤ワインとハーブで煮込んだソースとの相性もよく、すっかりお気に入りに。ラビットソースをからめたパスタもマルタならではの一品です。前菜としては、そら豆のパテ、マルタのソーセージ、ドライトマト、オリーブ、チーズなどが定番の顔。さらに、必ずと言っていいくらい、それらとセットで登場するのが、ガレッティと呼ばれるクラッカー。パリパリとした食感が特徴で、マルタ人は皆、これが大好きなんだそうです。

脇役ながら、忘れてはいけないのがマルタのパン。素朴というか、はっきり言ってかなり地味な見た目ですが、外はカリカリ、中はふわふわ、やみつきになる味です。オリーブオイルをつけたり、ガレッティのかわりにパテやチーズをのせたり。もちろん、そのまま食べてもおいしいです。朝に夕に、昔ながらの窯で焼いている地元のパン屋さんへ、お気に入りのパンを買い求める客が訪れています。町歩きをしていて、そんなパン屋さんに出会えると、とってもワクワクしてきます。香ばしい香りが店内いっぱいに広がり、ついつい欲張って食べてみたくなるもの。「これ、ください」とほしいものを指させば、1個から売ってくれます。焼きたてのホカホカパンをパクリと齧る、なんて幸せな瞬間！

パスティッツイは、リコッタチーズや豆のペーストをパイ生地に包んで焼き上げたマルタ流ペイストリー。マルタの国民食と言っていいくらいポピュラーな食べ物です。小腹がすいたら、パスティチェリアや屋台へGO。値段もリーズナブルなので、気軽に試せます。ただし、味は店に

パスティッツイ(Pastizzi) マルタを代表するスナック。町角のあちこちにパスティッツイを売るパスティチェリアがある。ひとつ30セントくらいから。

マリル(Marilu)**さん** FB:PastizziGourmet パスティ

よってかなり違いがあるので、マルタ人で賑わう店を選ぶのが賢明でしょう。

料理家の**マリルさん**に、パスティッツイの作り方を教わりました。生地の材料は、小麦粉、バター、ラード。水を少しずつ加えながら、生地をよく練ったあと、30分ほどねかせます。これを2～3回繰り返し、生地を仕上げたら、1個分の大きさにカット。再び生地をこねながら平らにのばし、その上に具材をのせます。この日は、リコッタチーズと豆のペースト、ひき肉の3種。生地の端をキュッとねじって形を作り、200度のオーブンに入れ待つこと20分。

オーブンを開けると同時に、食欲をそそる香ばしい香りが部屋中にたち込めます。早速、食べてみると……。サクッというよりは、カリカリとした食感。市販のものとは、見た目も味もかなり違います。マリルさんが教えてくれたのは、祖母に習ったというホームメイドスタイルだからでしょう。彼女が「ぎょうざ風」と言っていたのが、ひき肉のパスティッツイ。定番のチーズや豆のペーストとともに、人気のメニューだとか。現在、冷凍にしたものを、オンラインショップで販売中。パスティッツイの店舗をオープンする予定のほか、希望があれば、マルタ料理やパスティッツイ作りの体験レッスンも行っているそうです。

近年、マルタで注目されているのが、アグリツーリズムと呼ばれる旅のスタイルです。農産物や食品の生産現場を訪問し、食に関する関心を高めたり、知識を広げたりするというもの。そんな農場のひとつが、ゴゾ島にある**タ・メーナ・エステート**です。早速見学ツアーに出かけました。

その日に集まったのは20人ほど。まずは農場内をひとまわり。ニワトリやクジャクなどの鳥小

ッツイ料理体験についてはマリルさんへ連絡。

タ・メーナ・エステート（Ta'Mena Estate）農場内見学とワインテイスティングは、土曜の午後に実施している。予約は www.tamena-gozo.com

屋があり、ケージ内でえさをついばんでいるものいれば、「ちょっとお散歩ね」とばかり外を歩いている鳥もいます。敷地内ではあるものの、ほとんど放し飼い状態のよう。その先にはぶどう畑が続きます。澄んだ空気とまぶしいほどの陽の光、人間にとっても植物にとっても、心地よい環境が豊な実りをもたらすのでしょう。見学後、ワインテイスティングが始まりました。タ・メーナのオリジナルワインとともに、ここで栽培された野菜で作ったサラダやおつまみがふるまわれます。ピリッと辛みが特徴のチリペッパーソースはガレッティにのせて。トマトの味がぐぐっと凝縮された乾燥トマト、珍しい赤味がかったオリーブ、黒こしょうたっぷりの山羊のチーズ。どれもこれも新鮮でおいしい！　手摘みのオリーブから作られたオリーブオイルの味見も行われました。

通りに面した売店では、タ・メーナで作られたオリジナルフードが並んでいます。見学ツアーで味わった食品はもちろん、ジャムや塩なども扱っています。観光客のみならず、ここまでわざわざ買いに来る地元のファンも多いとか。アメリカ帰りの祖父が、２ヘクタールの農場を始めたのが１９３０年。今では、その10倍以上にも及ぶ広大な敷地で野菜や果物を栽培し、40頭以上の家畜を飼育しています。ワインブランドは全14種、年間15万本を製造販売するまでになりました。２００２年からアグリツーリズムをスタートさせ、今に至っています。

島では、小さなバスケットのような型に入れて、ふわふわした食感のチーズを製造しています。「チーズを作るかごをなくした」とは、すべてをなくしたという意味だとか。チーズ造りは、それほど重要な意味を持っている、ということも教えてもらいました。

観光客にも人気のワインティスティング

買ってうれしい、見て楽しい。とっておきの時間

ショッピング

滞在して間もないころ、町で偶然"Butcher"と書かれた看板を見つけました。恐る恐る店内へ。奥で若い男性がひとり、黙々と肉を切っていました。ショーケースの中をのぞいても、それらしきものが見当たりません。思い切って尋ねてみました。その店員は、作業の手を止め、大きな冷蔵庫を開けてくれたのです。「ほら、ここにあるよ」。大きさ、足の形。確かにそれはう・さ・ぎ。すっかり毛をむしられ、皮をはがされていましたが。私が珍しそうな顔をしていたからでしょうか。「日本では食べないの?」と、店員はむしろ不思議そうでした。私にとって、これがうさぎ肉との最初の出会いです。

町歩きをしていると、こんなふうにして肉屋さんは結構見かけるのですが、意外に少ないのが魚屋さん。島国なので肉よりは魚を食するのでは、と思っていたのですが、マルタ人の多くは肉派のよう。地元で人気の魚屋さんを、グジーラに1軒、ゴゾ島に1軒見つけたきりでした。ちなみに、マルタから日本への輸出品ナンバーワンは、まぐろ。魚介類の多くは、マルタではなく、日本を含め、海外で消費されているのかもしれません。

フードのページでご紹介したマルタのパン。昔ながらの釜で焼いているパン屋さんは、すっかり少なくなったとか。知る人ぞ知るスリーマのパン屋さん、**カルメロ・ミカレフ・ベーカリー**。看板もなく、うっかりすると見落としそうな場所にありますが、現地に暮らす日本人に案内して

カルメロ・ミカレフ・ベーカリー
(Carmelo Micallef Bakery)

もらって以来、すっかりファンに。シャイだからか、最初はつっけんどんだった店員さんも、そのうち顔を覚えてくれて、むこうから話かけてくれるまでになりました。スリーマに滞在中、毎日おいしいパンが食べられたのも、このパン屋さんのおかげです。ゴゾ島ナドゥールにある**マショック・ベーカリー**も地元で人気店。フティーラと呼ばれるピザのほか、パンも焼いています。通りにまでたちこめる香ばしい香りに、思わず吸い寄せられそう。

こうした店は、わざわざそこまで出向かなければなりませんが、町中には、ミニマートのような小さな食料品店がたくさんあり、飲料、お菓子、パンなどのほか、ちょっとした野菜や果物は、ここで手に入ります。また、野菜や果物は、移動販売車がやって来る場所もあります。残念ながら、日本と同じようなコンビニはありません（コンビニ的な店はありますが、日本のコンビニには遠く及ばないのが実情です）。24時間、365日、思い立ったときにいつでも買えるのが当たり前、ではありませんので、念のため。

スリーマやセントジュリアンには、いくつかの**大型スーパーマーケット**があります。一昨年末、ヴァレッタのマーチャント通りにも、**インドアマーケット**が登場しました。各店舗では、幅広く食料品を扱っているほか、普段使いの日用品もだいたい揃っているところが多いようです。食料品売り場では、サラダ、オリーブ、チーズなどの冷たいお惣菜、ピザやラザーニヤなどホットなものを扱うテイクアウトのコーナーもあり、1つあるいは、グラム単位で売ってくれます。マルタらしい点としては、精肉売り場で、うさぎ肉が販売されていることでしょうか。肉屋さんだけでなく、スーパーマーケットでも、ごくごく普通に目にすることができます。

マショック・ベーカリー（Maxokk Bakery）http://www.maxokkbakery.com

大型スーパーマーケット Scotts、Arkadia、Trolees、Tower Supermarket、Park Tower Supermarketなど。

インドアマーケット イス・スー・タル・ベルト（Is-Suq tal-Belt）。地下1階は食品マーケット、1階はカフェやレストランが集まったフードコート。

それにしても、輸入品が多いこと！　この小さな島で、すべてをまかないきれないからでしょう。パスタやパスタソースなどは主にイタリアからの輸入品、菓子類はフランス、ベルギー、スイス、イタリアなど。生鮮食品を除けば、メイド・イン・マルタを探すのは、なかなか大変です。オリーブオイルやリキュールなどに、マルタ十字のロゴが入ったものを見つけました。さらに、マルタ産のものをということなら、ワイン売り場へ。ここでも、輸入ワインがずらりと並んでいますが、その一角に、マルチーズと書かれたコーナーがあります。滞在中にマルタワインの味を試してみたい方は、ぜひ！　スーパーで買っておみやげにするには、自分でパッキングしなければなりませんが、がんばって持ち帰るだけのことはあります。なにせ、マルタワインは日本では手に入りにくいので。スーパーマーケットは、マルタの日常を垣間見れる場所。売り場を眺めるだけでも、いろいろな発見があることでしょう。買い物には、ショッピングバッグをお忘れなく。

　グジーラやセントジュリアンには、アジア系食品を扱う店もあります。醤油やみそなどの調味料、ラーメン、カップ麺などのインスタント食品、冷凍食品など、品数も種類も豊富。もちろん、うるち米もあり、日本食を作るのに必要なものが購入できます。

　フィッシュマーケットで有名なマルサシュロック以外のエリアでも、**オープンエアマーケット**を開いています。ヴァレッタのメインゲート近くの通りでは、Ｔシャツや雑貨、おみやげ品などを売っています。フロリアーナで開かれていたのは、かなり規模の大きなマーケット。衣料品や日用雑貨が主のようです。アンティークというより、ほとんどがらくたにしか見えないような謎の商品も。観光客向けではなく、地元住民のための野外市場という感じです。アフリカからの来

オープンエアマーケット　エリアによって開催曜日が異なる。マルサシュロック：日曜日、フロリアーナ：日曜日、タ・アーリ：火・土曜日、ヴィットリオーザ：火曜日。午後は早めに店じまいすることもあるので、午前中がおすすめ。

島者らしき人の姿が目立っていました。そんな一人が「おはようございます」と声をかけてきて、びっくり。黙っていても日本人だって、わかるんですね。タ・アーリのオープンエアマーケットは、野菜や果物などを中心に販売。島内の住民が、車で買いに来るようです。ゴゾ島、ビクトリアの独立広場でも、のみの市的なマーケットが開かれています。

主要観光地には、観光客向けにおみやげ物を扱う路面店があります。Tシャツ、ボールペン、マグカップなど、マルタ関連グッズが多数並んでいます。マルタらしいおみやげ物としては、フィリグリー、レース、ガラス製品、陶器、石灰石や大理石で作った石の工芸品など。食品なら、塩やはちみつ。真空パックのチーズもあります。ワイン、オリーブオイル、リキュールもおすすめ。マルタを代表するお菓子として、板状になったヌガーをよく見かけました。

ステイ

超豪華ホテルからゲストハウスまで。お気に入りの1軒を見つけよう

どこに宿泊するか。旅する際に気になることのひとつでしょう。マルタの場合、外国人観光客の主要な滞在先は、ヴァレッタ、スリーマ、セントジュリアン。観光名所が集中しているヴァレッタは、それらを徒歩で廻れるうえ、島内各地へのバスのアクセスも便利。一方、スリーマ、セン

異なる宿泊施設
2つ星から5つ星までの4段階。B&B：朝食付きのゲストハウス。個人経営が中心。ファームハウス：ゴゾ島を中心に展開。プール付きもある。アパートホテル：キッチン付きで長期滞在者向け。

トジュリアンは、食事やショッピングを楽しめる店が充実しています。とりわけセントジュリアンや隣接するパーチャビルは、ナイトライフもエンジョイしたい観光客におすすめです。ただし、夜はかなり賑やか。エリアや通りによっては、うるさく感じることがあるかもしれません。海辺で静かにのんびり過ごしたいなら、ブジッバやメリッハあたり。ゴゾ島は、マルサルフォルン、シュレンディーが人気のビーチリゾート。ホテルなどの宿泊施設も多いようです。

マルタには、インターナショナルチェーンの大型ホテルから小さなゲストハウスまで、**異なる宿泊施設**があり、ランクもいろいろです。欧米からの観光客は、2週間から3週間といった長期滞在が多いため、キッチンつきのアパートホテルも充実しています。ここ数年、ヴァレッタを中心に、増えてきたのがブティックホテル。中世の建物を豪華な造りにリノベーションした高級アパートホテルです。大規模なホテルと違って部屋数は少ないものの、内装にこだわったホテルが多く、一味違ったホテルライフが楽しめます。

セントジュリアンに位置する**ザ・ストーンハウス・ブティックB&B**。マルタの古い個人宅を宿泊施設に改装し、2017年にオープンしました。1階はリビング、ダイニングと共有のスペース。奥にはテラスと小さなプールもあります。ゲストルームは、2階と3階にそれぞれ2部屋ずつの計4室。床に敷いたタイルやベッドまわりのファブリックなど、部屋ごとに異なるイメージを演出しています。また、朝食に登場する手作りのクロワッサンも人気の秘密。友人宅へ遊びに来たような家庭的な雰囲気を味わえるプチホテルです。

イムディーナにある**ザ・シャーラ・パレス**は、古い貴族の邸宅をリノベーションし、高級ホテ

ザ・ストーンハウス・ブティックB&B
(The Stonehouse Boutique B&B)
宿泊予約は thestonehousemalta@gmail.com

ルとして営業中。豪華で落ち着いた雰囲気の1階ロビー。オープンスタイルのカフェも賑わっています。客室数17とこじんまりした規模ながら、館内には、プールやサウナ、ジムも備わっています。客室はそれぞれ異なる内装が特徴で、人気の部屋は2～3か月先まで予約がいっぱいだとか。私が訪ねた日はすべて満室という人気ぶりでした。

ゴゾ島、サン・ローレンツにある**ケンピンスキー**も評判の高い高級リゾートホテルです。170の客室のほか、3つのプール、3つのレストラン、エステ、ヘルスクラブなど、施設も充実。客室のバルコニーからプールのある中庭が見渡せるなど、ホテル内の景色も魅力的です。案内してくれたスタッフも物腰柔らか、サービスも精神も抜群。「次回は、ぜひうちへお泊りくださいね」との声に、気持ちはお応えしたいところですが……。

いずれの宿泊施設であっても、夏のピークシーズンは料金がアップします。また、客室のタイプはもちろん、予約のタイミングや混雑状況などによっても異なります。個人で手配する際には、情報をよく確認した上で、人気のホテルはお早めに。

ザ・シャーラ・パレス（The Xara Palace Relais & Chateaux）
www.xarapalace.com.mt

ケンピンスキー・サン・ローレンツ
（Kempinski Hotel San Lawrentz）
www.kempinski.com

夜の繁華街、パーチャビルで遊ぶ
ナイトライフ

バー、パブ、ディスコ、ライブハウスなど、飲んだり、歌ったり、踊ったりと、夜の遊び場が充実しているパーチャビル。陽が陰り始めると、ナイトライフも楽しみたい人たちが集まってきます。そういえば、通っていた語学学校のウェルカムパーティも、パーチャビルにある店で行われました。アルコール類をふるまうバーの一角にお立ち台的スペースがあり、大音量で流れるソウルフルな音楽に合わせて、若者たちがノリノリでステップを踏んでいたのが印象的です。

マルタではカジノも楽しめます。セントジュリアン、ウエスティンホテルを抜け、海に突き出した半島の先端まで歩くと、存在感のある建物が目の前に登場。**ドラゴナーラ・カジノ**です。ここは元富豪の家だっただけあって、威風堂々、宮殿のようなゴージャズの造り。もっとも、こういうバブリーな建築物は、マルタにはそぐわない気がしないでもありませんが。まずはエントランスでパスポートを提示。申請手続きを終えると入場カードが発行され、入場ＯＫとなります。スロットマシーンがずらりと並び、午後６時台の比較的早い時間にもかかわらず、ルーレットやバカラなど各種ゲームに興じる人々がぎっしり。室内の一角には、一息入れるカフェもあります。まさに不夜城、まさに別世界。どちらかというと年配客が目立ちました。

パーチャビル周辺は、夜ともなれば、通りで立ち始める女の人もいるなど、もっとも危ないエリア。治安のいいマルタですが、夜遊びには、くれぐれもご注意を！

ドラゴナーラ・カジノ（Dragonara Casino） 24時間オープン、マルタ最大規模のカジノ。5つ星ホテルに隣接。www.dragonaracasino.com

Part 3
もっともっと知りたいマルタ

巨石神殿
聖ヨハネ騎士団（マルタ騎士団）
旧日本海軍戦没者墓地
交通事情
宗教（カトリック）
ことば
住宅事情と暮らし
マルタのニャン

巨人の女性の創造物？　存在感たっぷりのジュガンティーヤ神殿

巨石神殿の内部。
奥は供物を捧げる台座

観光に便利なホップオン・ホップオフバス

英連邦海軍墓地の入り口。旧日本海軍
戦没者墓地はこの敷地内の奥にある

ゴゾ大聖堂の神父たち。シュロの
日曜日のミサで

マルタ十字と緑のバルコニー。
ヴァレッタ勝利の聖母教会前

（上）グッドフライデーのプロセッション
（左）通りの角に立つマリア像

（上下）プロセッションにはさまざまな衣装を身に着けた人たちも行進する。通りは見物客で賑わう

カラフルなバルコニーが並ぶスリーマの住宅街

マルタ十字やイルカなど、遊び心あふれるドアノッカー

ドアの鮮やかな色がマルタストーンに映える

EBM 551

いったい誰が、どうやって？　謎がいっぱいの世界的遺跡

巨石神殿

マルタには3つの**世界遺産**がありますが、そのうちの2つが巨石遺跡です。エジプトのピラミッドやイギリスのストーンヘンジよりも古い時代の遺跡もあり、マルタのみならず、人類の歴史をたどるうえで、貴重な考古学資料となっています。現在までに、マルタ島とゴゾ島を合わせて、20とも30とも言われる数の遺跡が見つかっているとか。建造された時期や形態の違いはあるものの、それらはすべて巨大な石で築かれた神殿です。20世紀前半以降、発掘調査や研究が進められていますが、まだ多くは謎に包まれたまま。いくつかの遺跡とその関連施設を訪ねました。

国立考古学博物館

巨石神殿を見学する前に立ち寄るのがおすすめ。先史時代についての資料が豊富なだけでなく、神殿群から発掘された本物の出土品を目にすることができるからです。らせん模様や動物を描いた祭壇、装飾品や道具類などほか、目立つのが女性像の数々。いずれも下半身が大きく、ふくよかな体型で、その多くは頭がありません。首に空いた穴に頭部を差し込んでいたと思われる像もあることから、頭はあったがとれてしまった、あるいは、大切なのはあくまでボディであり、顔や頭は重視されず、もともとなかったなど諸説あるようですが、はっきりしたことはわかっていません。いずれにせよ、マルタの先史時代において、神殿の形や石像などに女性のイメージを

世界遺産などへ　リテージ・マルタ・マルチサイトパス（Heritage Malta Multisite Pass）は巨石神殿や博物館などの見学に便利なパス（ハイポジウム地下神殿は除く）。30日間有効。詳細はwww.heritagemalta.org

国立考古学博物館（National Museum of Archaeology）ヴァレッタ・リパブリック通りにある。騎士団時代にプロヴァンスのオーベルジュだった建物。

重ね合わせたのは確か。崇拝の気持ちの表れだと考えられています。「マルタのヴィーナス」は、ハジャーイム神殿から発掘された石灰石の母神像。また、ハイポジウムから出土した「眠れる貴婦人」は、手のひらにのるほどの大きさながら、女神の姿や服装のディテールまで精巧に表現されています。館内奥のガラスケースにあるので、お見逃しなく！

ジュガンティーヤ神殿

保存の状態がよく現存する神殿として、最も古いものと考えられています。ビジターセンターから屋外に出ると、目の前に迫ってくるのが、巨大な石で築かれた神殿の外壁。迫力ある写真が狙えます。どうやってこのような巨大な石を運んだのかは不明で、建造者は巨人の女性ではないかという伝説まで残っているとか。この遺跡を目の前にしていると、そう考えても不思議ではない気がしてきます。中には、2つの神殿がありました。入口正面に向かって左側が古く、紀元前3600年ごろ、右側がそれより新しく、紀元前3000年ごろのものと推定されています。神殿内の奥にあるのが、祭壇と思しき台座。供物を捧げたり、祈ったりした最も神聖な場所です。動物の生贄《いけにえ》が供物とされ、つなぎとめておく穴やそれらを洗い清めた石なども残っています。こうした儀式に加われるのは特別な存在の人だけだったのでしょう。門柱などは残っていませんが、各部屋につながる入口にいくつかの穴があり、その穴に丸太か何かを渡し、出入りを制限していたのではないかと考えられています。屋根は石造りではなく、木材か動物の皮を使ってふいたよう。内部は加工しやすい柔らかめの石を、外壁は珊瑚質の固めの石を使用するなど、用途によっ

ジュガンティーヤ神殿（Ggantija Temples）ゴゾ島シャーラにある巨石神殿。

て石材を使い分けていたということも判明しています。

ハジャーイム神殿

巨石神殿群の中でも後代、紀元前2800年〜2400年ごろのもの。「マルタのヴィーナス」が発見されたことでも知られています。まず驚かされるのは、巨大な石が縦横に並べられた正面入り口。重さ何トンにもなる石を、どうやって切り出し、隙間なく積み上げたのでしょうか。しかも、この圧倒的な存在感。ここは、まさに特別な場所だと主張しているようです。中には、半円状の形の部屋がいくつか。一番奥には祭礼室、祭壇もしつらえてあります。石を四角い窓状にくり抜き、通路がわりにしているのも不思議といえば不思議。生贄をのせた脚付きのテーブル、水玉模様の彫刻が施された台座、夏至の日には室内に一直線に日が差す丸い穴なども残っています。神殿の手前にあるビジターセンターでは、神殿内部の様子などを詳しく解説しています。

イムナイドラ神殿

ハジャーイム神殿から徒歩5分ほどの距離にあるもう一つの巨石神殿で、今も残っている神殿群の中でも最も保存状態がよいとされています。現存する3つの神殿は、右から順に時代が下ります。最も古い一番右の西神殿は、石積みの一部が確認されるだけですが、初期の神殿の様子を伝える貴重な資料となっているとか。中央神殿の入口の門を抜けると、半円状の部屋が左右対称に並んでいます。ハジャーイム同様、四角く切り出された巨石が、隙間なく縦横に積み上げられ

ハジャーイム神殿
(Hagar Qim Temples) マルタ島南西部にある。イムナイドラ神殿と隣接。チケットは両神殿共通。

イムナイドラ神殿
(Mnajdra Temples)

ているのが確認できます。ここでも一番奥には、祭祀を行ったとされる石造りの祭壇がありました。最も新しいとされるのは、左側の神殿です。春分の日と秋分の日に、海から太陽が差し込む部屋があるなど、先史時代の文明を知る手がかりとなっています。

タルシーン神殿

民家が並ぶ住宅街で、1913年、農民により偶然発見されました。4つの神殿があったと考えられていますが、最も東側にある神殿は形をとどめていないため、現在確認できるのは3つ。神殿内では、渦巻き模様や動物の行進する姿が彫られた石のほか、2・5メートルもある女神像も見つかっています。これは、この時代の神殿内で発見された最大級の石像で、残っているのは下半身の一部。ふくよかすぎるほどの豊満な肉体を持っているのが特徴です。彼女が履いているのは、プリーツスカート？　まさに興味深い女神像です。

ハル・サフリエニ・ハイポジウム地下神殿

地下の岩盤を削って造られた神殿で、世界的にも珍しい遺跡です。一時期修復作業のためクローズしていたのですが、3度目の訪問時に、やっと見学が叶いました。地下に何があるのか、内部はどんなふうなのかなど興味津々。ワクワクしながら、予約日を待ちました。1回の入場に人数制限があり、見学できるのは10人まで。入口でオーディオガイドを受け取り、手荷物はすべて入口のロッカーに預けます。神殿内部の撮影が禁止されているので、スマホやカメラの持ち込みも

タルシーン神殿（Tarxien Temples）マルタ島東の内陸部パオラ地区にある。ハイポジウムからも徒歩で行ける。

できません。写真が撮れないなんて、本当に残念！

　神殿についての映像資料を観覧した後、案内スタッフに続いて、いよいよ神殿内へ。地下へ続く階段や通路が狭いため、人ひとりが通るのがやっとのところも。案内スタッフは誘導のみで、すべての説明はオーディオガイドを通して行われます。空気がひんやりしていて、照明もわずか。いやがうえでも緊張感が高まります。案内スタッフが灯す懐中電灯をたよりに、足元を気にしながら、ゆっくりと歩みを進めます。地下神殿とはいうものの、これまで見てきた巨石神殿とそっくりな造り。直線、曲線を駆使して岩盤を掘り、大小さまざまな部屋や通路、階段を築きました。それらが生み出す造形美は息をのむほど。また、男性の声だけが響く部屋、途中で切れている階段など、さまざまな疑問も抱かせます。「眠れる貴婦人」が出土したのは、ここハイポジウム。また、7000体もの人骨も見つかっています。内部は三層構造になっていて、最も下は地下10、6メートルというかなりの深さ。地上に近い一層目が一番古く、紀元前3600年～3300年ごろ、三層目が紀元前3000年～2400年ごろのものと推定されています。20世紀初頭に発見され、1980年、ユネスコ世界遺産に登録されました。

　映像観覧も含め、見学時間は50分ほど。まさかこんなところに、と思わせるような町中にある遺跡には、外からは想像もつかない地下世界が眠っていました。

巨石神殿が意味するものとは？

　これらの巨石神殿が造られたのは先史時代。当時、この島の人々は女神を信仰し、神殿はその

ハル・サフリエニ・ハイポジウム地下神殿
(Hal Saflieni Hypogeum)
1回10名までの入場規制あり。オーディオガイドは日本語でも対応している。見学には事前予約が必要。https://booking.heritagemalta.org/

姿を模したと考えられています。半円形の部屋や曲線の外壁は女性の乳房や臀部を、入口はヴァギナをイメージしたとか。ハイポジウムも、地下を女性の身体に見立てたものとされています。子を宿し産む女性の身体に神秘性を見出し、再生への願いを重ね合わせるのは、ごく自然なことでしょう。神殿はまさに特別な場所。おそらく、この中へ入ることができた人も限られていたはずです。生贄をささげ、祈り、神との一体化を目指しました。

そもそもの不思議は、いったいどうやって巨石を運び積み上げたのか。確かなことはまだわかっていません。まっすぐに石を切り出し、巧みに建造する技術、太陽の動きを正確にはかり、それを取り入れる知識などから、かつてここには、高度な文明があったのではないかと推測する専門家も。しかし、こうした巨石文化社会は、紀元前2500年ごろになると、突如として姿を消してしまいます。いったい彼らはどこへ消えたのでしょうか。その後、近代に入って発掘調査が進められるまで、すべての巨石神殿は、長い長い眠りにつくことになります。

側面に装飾が施された祭壇

「マルタのヴィーナス」像

タルシーン神殿の女神の下半身像

マルタに多大な影響を与えた騎士たちの栄枯盛衰

聖ヨハネ騎士団（マルタ騎士団）

聖ヨハネ騎士団は、１１１３年、エルサレムで創設されました。当時の名は、聖ヨハネ病院騎士団。病院を兼ねた宿泊所に奉仕する宗教団体として認可され、病人の治療が主な目的でした。しかし、時代が下るにつれ、軍事的性格を強め、「キリストの戦士」となっていきます。

その騎士とは、いったいどんな人たちなのか。まずは、貴族の血をひく者であること。彼らは一生をキリスト教に捧げる修道士であり、修道僧と同じ規則を守らなければなりませんでした。妻帯は禁止され、清貧、服従、貞潔がモットー。血統においても、精神性においても、まさに選ばれし人々でした。こうしてエルサレムで誕生した聖ヨハネ騎士団は、続いて創設されたテンプル騎士団、チュートン騎士団とともに、聖地を力で守り続け、黄金時代を築きます。しかし、１２９１年、イスラムがこの地を奪還。第一次十字軍によるエルサレム征服から約２００年の時を経て、再びイスラムの支配下になります。かろうじて生き延びた騎士たちは、キプロス島へ逃避。かつては、繁栄を謳歌した騎士団は、本拠地をなくした難民となり、苦難の時代を迎えます。結局、キプロス島時代になって唯一存続できたのは、聖ヨハネ騎士団だけとなっていました。

その後、東ローマ帝国ビザンチンの所有する**ロードス島**へ遠征。１３０８年、ついにこの地に本拠地を移転し、「ロードス騎士団」に。その後騎士団は、この島で強固な要塞都市を建設し、異教徒に対抗するキリスト教国の最前線として、多くの戦いで活躍します。１５２２年、スレイ

ロードス島 ロードス島時代の騎士団については、塩野七生著『ロードス島攻防記』に詳しい。

マン1世率いるイスラムのトルコ軍が、ロードス島を総攻撃。激しい攻防の末、騎士団はこの島からの撤退を余儀なくされました。再び難民となった騎士団がたどりついた先、それがマルタ。神聖ローマ帝国皇帝カルロス王が、自身の領国のひとつ、マルタを騎士団に分け与えたのです。**年貢に一匹の鷹**というのがその条件。1530年のことでした。

　こうしてマルタに居を構えた騎士団。やがて、フランス出身の騎士団長、**ジャン・パリゾ・ド・ラ・ヴァレット**の時代に入ります。ロードス島から退去を強いられるという苦い経験を経て、異教徒撲滅に並々ならぬ執念を燃やしていた彼は、マルタの要塞化に着手します。島に残る砦や監視塔などの多くは、この時代に造られたもの。そして1565年春、トルコはマルタに大軍を派兵。世にいうグレートシージの始まりでした。

　5万人とも言われる兵士が大艦隊を組んでマルタに押し寄せて来たのだから、騎士たちもさぞ驚いたことでしょう。当初、防衛側の騎士は約600。マルタ人の傭兵などを加えても、5000人強だったと言われています。数の上では圧倒的に不利でした。住民たちはイムディーナへ避難。戦闘員たちは要塞に立てこもり、必死に防衛。ビルグ（現在のヴィットリオーザ）での戦いを経て、舞台は聖エルモ砦へ。トルコ軍は砦内に突入し、激しい戦闘の末、陥落。トルコ軍の指揮官ムスタファは、騎士団長に名誉ある降伏を促しますが、彼はそれを退け、必死の抵抗を続けます。攻防戦は2か月を過ぎ、防衛側のみならず、トルコ軍にとっても、すでに多くの犠牲を払っていました。9月に入り、待ちに待った援軍、約8000人の兵が到着。そして9月8日、ついにトルコ軍は包囲を解除したのです。4か月以上にもわたる壮絶な戦いを経ての勝利。この

年貢に一匹の鷹　『マルタの鷹』（ダシール・ハメット作）は、この史実をもとに書かれた推理小説。

ジャン・パリゾ・ド・ラ・ヴァレット　P12参照。ヴァレッタに彼の銅像がある。

ことは、マルタのみならず、ヨーロッパ各地からの称賛を集めました。その最大の功労者である騎士団長の名をとって、首都をヴァレッタと呼ぶようになったのです。

語り継がれる大包囲戦、そして、そこから学ぶこと

グレートシージは、マルタの歴史に燦然と輝いている最も重要なできごとです。祝祭日や国家的行事の数々、建築など多くの分野に、その影響を残しています。博物館や美術館の絵画や彫刻においても、敵と激しく戦い、勝利する騎士たちの姿がクローズアップされているのを目にします。それは、攻防の経緯と結末のみならず、強大な敵を前にしてもひるまない姿勢、たとえ不利な状況でも決してあきらめない精神など、マルタ人の心の支え、自負心につながっているという点にも注目すべきでしょう。「マルタは騎士団によって作られ、騎士団とともに歩んできた」と言っても過言ではありません。富と権力を手にした騎士団だからこそ、聖ヨハネ大聖堂のような荘厳できらびやかな教会ができたのです。騎士団にとって、当時最大の脅威はイスラム勢力。いつ攻めてくるともしれない敵に常時備えなければならなかったなんて、さぞストレスがたまったことでしょう。マルタに残る強固で頑丈な要塞は、敵意と恐怖心の現れなのかもしれません。

語学学校で、ある日のレッスンテーマは歴史上のできごとでした。当然のごとく、グレートシージも話題に。同じクラスで学んでいたトルコ人女性が、マルタ人女性教師に尋ねたのです。「マルタ人はこの戦いを、そしてトルコをどう思っているの？」 彼女はイスタンブールでの仕事を辞め、語学学校の生徒として来島。英語ができると転職に有利になるからだそうです。マルタで英語を学ぶトルコ人もかなりの数。また、ケバブやトルコ料理も扱う飲食店もマルタに点在し、今や多くのトルコ人が働いていています。そうはいうものの、彼女は何かがひっかかっていたのかもしれません。しかし、先生は、あっさりこう答えたのです。「もう500年近くも昔のことよ!」

彼女のように、もはや遠い過去のことと一笑に付すマルタ人もいる一方で、どれだけ時間が経とうとも、それを痛みと感じる人がいるもの事実。歴史との向き合い方は、実に根が深いのです。そして常に問われているのです。私たちは、歴史から何を学び、未来にどうつなげていくのかと。

グレートシージ以降、長年にわたり繁栄を極めた騎士団でしたが、ついにマルタでの終わりを迎えます。その相手は、**ナポレオン**率いるフランス軍。1798年、エジプト遠征中のことでした。ナポレオンは、戦わずしてマルタを占領。このあっけない幕切れの理由は、「騎士たちの精神力が欠けていた」からだとか。18世紀末になると、騎士団の退廃がかなり進んでいたと言われています。大包囲戦を繰り広げたころと違って、攻められることがない時代が続いたためなのでしょう。敵がいること、その敵との間に緊張状態が続いていることが、戦意保持の要。グレートシージから260年以上も経っていたのですから、無理もないことだったのかもしれません。

しかし、その支配もわずか2年。ナポレオンが失脚し、マルタはイギリスの支配下に入ります。1814年、パリ条約により英国領に。その後、**第一次世界大戦**、**第二次世界大戦**を経て、1964年英連邦の中で**独立**。**主権国家**として今に至ります。ナポレオンによって追い出された騎士団は、その後、マルタに戻ることはありませんでした。現在、イタリア・ローマにその本部が置かれ、医療を中心とした活動を続けています。

ナポレオン　ナポレオンがマルタに滞在したのはわずか6日間だったと言われている。騎士団を追い出し、急進的な改革を実施しようとしたが、市民の不満を買った。ヴァレッタのロウワー・バラッカ・ガーデンには、ナポレオン軍撤退の記念碑がある。P25参照。

第一次世界大戦　イギリス統治下にあり、連合軍側として参戦。マルタは「地中海の看護婦」として、負傷者治療にあたり活躍した。

マルタに残された日本の足跡を訪ねて

旧日本海軍戦没者墓地

そんなマルタと日本とは、歴史的にどんな接点があるのでしょうか。その象徴的な場所が、カルカーラにある旧日本海軍戦没者墓地。第一次大戦時、イギリスと同盟関係にあった日本に協力が要請され、日本海軍艦隊が地中海に派遣されます。軍隊輸送船の護衛という任務で、クレタ島付近にいた駆逐艦「榊」が、潜水艦の攻撃で大破。艦長ほか59名が戦死したのです。

ある晴れた日の午後。墓地まで行ってみることにしました。まずはバスでカルカーラまで移動。墓地の最寄りのバス停ではないけれど、ここからなら歩ける距離だろうと思ったからです。イギリス軍墓地内にある日本海軍の墓地へと、海沿いから坂をのぼります。大通りを左折し、二叉になった通りの右側を道なりに進むと、墓地らしき塀が見えてきました。すぐに入口があったのですが、残念ながらクローズ状態。「今日は無理かな」と半ばあきらめかけていたとき、ちょうど墓地の向いの倉庫に人の姿が。「墓地はいつ入れるのですか」と訊いてみると、「よくわからない」という答え。すぐ目の前にあるというのに？　倉庫にいたおじさんは、今日の仕事を終えようとしていました。ちょうど犬の散歩で前を通りがかったご近所さんにも、聞いてくれています。しかし、この人も首をかしげるばかり。結局、この先に表示があるだろうというのが唯一の手がかりでした。お礼を言って行こうとすると、握手を求められてびっくり。日本から来たと話したか

第二次世界大戦 ドイツ軍、イタリア軍などからの空爆を受ける。P41参照。

独立から主権国家へ １９７４年にイギリス連邦内で共和制を宣言、１９７９年にはイギリス軍が完全撤退し、名実ともに独立国となる。

らでしょうか。とても親切でフレンドリー。一般的にマルタ人はシャイだと言われるけれど、こういう例外もあるようです。言われたとおり先へ進むと、そこには別の入り口が。「なんだ、入れるじゃない！」表示には、オープン時間は4時までとなっていました。現在3時45分。急がないと！　入口横で警備室兼案内所を見つけましたが、人の気配はありません。案内所には訪問者ノートがあり、多くの日本人がここを訪ねていることを知りました。

　イギリス軍墓地は、第一次大戦、第二次大戦で戦死した軍人・兵士など千人を超える人たち1196人が眠っています。英国人がほとんどですが、マルタ人のほか、他国の人も含まれているようです。墓石には、名前や生年、没年の表示。いかに若い人たちが多く犠牲になったことか。胸が痛みます。墓地の奥にありました。「大日本帝国第二特務艦隊戦死者之墓」と刻まれた墓碑。「榊」で犠牲となった兵士のほか、日本軍の戦死者70余名の死を悼み、建てられたものです。日本から遠く離れた戦地で命を落とした人たち。さぞ無念だったことでしょう。日本から訪ねてきた者のひとりとして、静かに彼らの冥福を祈りました。本当に静かな午後。墓石の横で、オリーブの木が風に揺れていました。

　すぐにでも門が閉まるのではないかとひやひやしながら、見学したり、お参りしたり。しかし、4時を過ぎても、まったく動きはありません。それどころか、墓地を訪ねる人も、警備室も、誰ひとり現れないのです。まだ陽は高かったものの、場所が場所だけに、ひとりでいるのも落ち着かず。ここで過ごしたのは、せいぜい半時間のほどでしょうか。通りから聞こえてくる車の音にほっとしながら、急ぎ墓地をあとにしたのでした。

マルタ人と日常の小さなできごと

交通事情

❖バス――ハプニングの宝庫。それでもじっと待つ！　トラブルさえも楽しむ！

マルタには鉄道がなく、公共交通機関はバスのみ。観光客でも手軽に利用できるうえ、路線もかなり充実しているので、多くの観光地はバスを使って訪ねることができます。ただし、時間と労力を惜しまなければ、という条件つきですが。

マルタ島の場合、バスのほとんどは**巨大なターミナル**がある**ヴァレッタ**に集まります。目的地がヴァレッタなら問題ないのですが、たとえばスリーマからマルサシュロックへ行きたい場合、いったんヴァレッタへ出て、ここでマルサシュロック行きのバスに乗り換えなければなりません。つまり、バスは走っているものの、島内に散らばる観光名所をダイレクトにつないでいない場合が多い、そのため必然的に移動に時間がかかる、というわけです。しかも、路線によっては本数が少なく、20～30分に1本は当たり前。1時間に1本程度というところも珍しくないのです。

ルートマップは、ヴァレッタのバスターミナルで入手可能。路線図とともにバス番号をチェックし、利用するというのが基本です。バスの時刻表？　それぞれのバス停には、ほぼそれらしきものが貼ってありますが、これがなんとも悩ましい存在。時間通り運行されることを期待してはなりません。もちろん、これが一応の目安ではありますが、遅れてくることもしょっちゅう。そうかと思ってのんびりしていると、予定時刻より先に到着し、時間調整もなく、次のバス停に行っ

ヴァレッタ以外から出るバス　イムディーナ行きなど、わずかながらスリーマから発着するバスもある。

ルートマップ
Malta Public Transport www.publictransport.com.mt

てしまうというフェイントもあったりするから、やっかいです。マルタでバスを乗りこなせるようになれば一人前。バスを使って島内を動いてみれば、そのことが納得できるでしょう。

　マルタのバスは、すべて前乗りで先払い形式。乗車の際、小銭を用意するのが煩わしければ、**バスカード**を利用する方法があります。マルタのバスのありがたいところは、**料金**がとてもリーズナブルなこと。2時間以内なら、同一料金内で乗り換えができるのも魅力です。現金で支払った場合は、ドライバーがレシートを出してくれます。これは、目的地に着くまできちんとキープしておきましょう。私も何度か乗り合わせたことがあるのですが、時々検札が入るのです。一人一人チェックし、バスカード、もしくはレシートを所持していない乗客は、その場で料金を徴収されていました。またこれは、乗り換えのときにも必要です。2乗車目の際に見せ、時間内の乗り換えであることが確認できれば、新たに料金を払う必要がありません。

　残念ながら、マルタのドライバーの多くは、お世辞にも運転マナーがいいとは言い難いのが実情です。渋滞にはまると、皆ますますイライラして荒っぽくなる、という悪循環に陥ります。バスドライバーも同様なので、乗車の際は、てすりにしっかりつかまるなど、自己防衛を怠りなく。

　車内では、マルタ語と英語による案内放送があります。また、両言語による電光掲示板でも、バス停名など確認できます。降りるバス停が来たら、ベルを押してドライバーに知らせる仕組みです。その際は、下車の準備をし、できるだけドアの近くで待ちましょう。バスが止まってから動いていたのでは、降りそびれてしまうこともあるので、ご注意ください。

　セントジュリアンや**スリーマからヴァレッタをつなぐバス**は、本数が多いので移動に便利。5

バスカード（タリンヤカード）　観光客が入手できるものとして、7日間有効の乗り放題（Explore 7 days：料金は21ユーロ）と12回乗車可能（12 Single journeys：料金は15ユーロ）のカードあり。ヴァレッタのバスターミナルや空港などのほか、ミニマートなどで扱っているところもある。

料金　マルタ島、ゴゾ島共通。1区間1・5ユーロ。（夏季は2・0ユーロ）2時間有効。

分と待たずして、次のバスが来ることもあるくらいです。スリーマ・フェリーターミナル前のバス停でバスを待っていたときのこと。すぐにヴァレッタ行きのバスが来たのはよかったのですが、すでにバスは乗客でいっぱいです。バスは止まらず、そのまま通過。続いて到着したバスも満員で、待っていた乗客を誰一人乗せることなく走り去って行きました。次々とバスは来るのですが、どれもまったく乗れそうにありません。ここより前のバス停からヴァレッタに向かうお客さんが多過ぎて、さばききれないのです。乗りたいのに、乗れない、このあたりでは、こんな状況も珍しくないことだとか。とりわけ観光客が増えるバカンスシーズン、皆が移動を始める朝夕の時間帯などは要注意。ヴァレッタに近ければ近いバス停ほど、乗りそびれる率が高くなるようです。

混雑するバス路線での注意点がもう一つ。観光客を狙った**スリ**がいるのです。セントジュリアンとヴァレッタ間を行き来する車内が最も狙われやすいとか。日本人観光客の中にも、被害にあった人が出ているようです。治安のいいマルタですが、残念ながら、こうした犯罪が起こっていることも事実。持ち物や身の回りは、常に気をつけましょう。

スリーマからヴァレッタへ　ヴァレッタ・マルサイムシェット ハーバー側をつなぐフェリーもある。所要時間約5分。

スリ　13番、14番などのバスなどが狙われやすいと言われているが、特に混雑時はどのバスもご注意を！

初日の授業から遅刻する羽目に

ホームステイ先から語学学校へ登校する初日のことでした。滞在先の最寄りのバス停は、マーテル・デイ。近くにマルタ最大の国立病院があり、病院前から発着するバス停も同じ名称です。島内各地から来る患者が多いからでしょうか。比較的規模が大きいバス停のひとつです。

「22番のバスに乗れば、グジーラの語学学校の近くまで行くよ」。すでにバスについての情報をホストファミリーに教えてもらっていました。道が混んでいなければ15分ほどで着くとのこと。念のため、時間に余裕をもって8時に家を出ます。次々とやってくるバスの番号を見落とさないよう、目で追いかけること10分あまり。「来た来た！　22番だ！」　急いで乗り込み、ドライバーに料金を支払います。まずは、第一関門クリア。ほっとして、しばらく車窓からの景色を眺めていると……。住宅街を抜け、海が見える高台へ。なんで海が見えて来るんだろう？　地図上では、まっすぐ東へ向かえばいいはずだけど。しかし、バスはなかなか目的地にたどり着きません。朝の通勤通学客を次々と乗せ、すでにバスはかなり混雑してきています。ドライバーに確認しようにも、車内を動くこともできず……。その上、道路は大渋滞。ラッシュ時とあって、車があふれかえっています。目的地へ行くことは確かだけれど、いったいいつになるのやら。落ち着かない思いで乗ること35分。「わっ、語学学校の始業時間が過ぎている！」

あとからわかったことですが、22番のバスは、ビルキルカーラからサン・グワン、スリーマを抜け、グジーラへ入る大回りのルートだったのです。ホストファミリーが普段の移動に使うのは**自家用車**。バスはほとんど利用しないので、このバスがどこを経由するかまでは知らなかったようです。ホストファミリー宅から学校まで歩いて行こうかとも考えたのですが、徒歩なら30分はかかる距離。その上、車の往来が極めて激しく、信号もない大通りを横切らなくてはならず、とうてい生きて学校までたどりつけるとは思えません。かといって、残念ながら他の方法がなかったのです。「20分早く行きなさい。朝食は7時に用意するわ」。ホストマザーのアドバイスと協力で翌日から7時40分に出発。1本前のバスを利用し、なんとか授業に間に合うようになりました。

マーテル・デイ病院前。すぐそばにバス停がある

自家用車 島内の移動に自家用車を使う住民が多い。道路が狭いため、小型から中型車が主流。旅行者はレンタカー利用も便利（国際免許証とパスポートが必要）。

登校初日、しかも私にとっては、初めてのマルタです。バスから眺める風景も、どこがどこだかさっぱりわからない状態の中、心細い思いでバスに乗り続け、あげくの果て学校に遅刻する羽目に。しかし、こんなのはまだまだ序の口。バスにまつわるトラブルは、マルタ滞在中、最も悩ましいものとなるのでした。

バスは番号だけでなく、行先も要チェック

「セントジュリアンのラブモニュメント前、午後8時集合!」語学学校のアクティビティ担当が、イベントに参加する学生に、こうアナウンスしました。今日はセント・パトリックデー。アイルランドのお祭りですが、一緒にお祝いしようというもの。早い話が、アイリッシュパブでの飲み会です。当時通っていた語学学校には、小規模な学校ながら、バラエティに富んだ国籍の受講生が共に学んでいました。彼らとは、授業の合間や休憩時間などに、挨拶を交わしたり、お互いの日常を話したりする程度。今夜はゆっくり話せるチャンスです。それに、マルタでこの日をどんなふうに過ごすのかも知りたくて、参加を決めました。

授業後、いったんホストファミリー宅に戻ることに。帰りがけ、マーテル・デイのバス停で情報収集しておきます。セントジュリアンへは、X2と233番の2本のバスがあることがわかりました。しかし、どちらも**バスの時刻表**がどこにも見当たらないのです。案内板の周りをぐるぐる回って探してみるのですが、やはり、ない! ふと見ると、Malta Transportation System のロゴ入りベストを着たおじさん発見。彼はまさしくバス会社の人。慌てて確認します。

日本と同様の右ハンドル、左側通行。

バスの時刻表
各バス停には、案内板の高い位置にバス停名、エリア名、行先別のバスの番号表示があり、目の高さあたりに、小さく時刻表が提示されているのが一般的。ただし、すべての路線の時刻表が網羅されているわけではない。

「X2と233の時刻表はどこにありますか」

「ない」

「(ないって、どういうこと?)じゃあ、バスの時間はどうやって……」

「待っていれば、そのうち来る」

あっけにとられ、次の言葉が出ないとはこのこと。のんびりしているというか、おおらかというか。これぞまさにマルタ的思考。「バスに乗り慣れていないうえ、時間が限られている外国人の身にもなってよ!」と、言いたくもなります。結局、わからないまま帰宅。午後7時前には家を出て、再びこのバス停に戻り、バスを待ちます。しばらくしてX2が到着。「予想していたより早かった!」 座席につき、ほっと一息。しばらくして、外を眺めると……。あれ? なんか変! 不安を覚えながらも、バスはどんどん先へ進みます。そして、見えてきたのは、パーク&ライドなんとかというバス停。この大型スーパー、見覚えがある! ここは確か、ハジャーイムへ行くときに通ったところ。セントジュリアンに向かっているはずなのに、なぜ?

「あの、すみません。このバス、セントジュリアンに行きますよね」と隣の席に座っていた乗客に尋ねてみると……。

「空港行きだけど」

思わずひるんでしまった予想外の答え。よくよく聞いてみると、バスの番号はあっているのですが、逆方向のバスに乗ってしまったのです。行先までチェックする必要があったと分かったところで、今さらどうしようもありません。途中で乗り換えるのも難しいので、このまま空港まで

行き、そこでセントジュリアン行きのバスに乗ったほうがいい、という彼のアドバイス。これでは、到底約束の時間に間に合いそうにありません。親切に教えてくれたのは、2年前イタリアから働きに来たという中年の男性でした。これから空港まで友達を迎えに行くところだとか。普段イタリア語だけでやりとりしているから、英語はうまくない、とちょっと照れくさそうに話します。乗り間違えたことに気づき、動揺を隠せない私を見て、「マルタのバスはややこしいからね」とフォローの言葉も忘れません。さすがイタリア人男性！　などと感心している場合ではありませんでしたが……。空港で30分ほど待って、再びX２に乗車。今度は逆ルートのX２です。そのバスで、またもやマーテル・デイの振り出しに戻ってきたときは、この時間は何だったのかと、さすがにがっくり。予想外の長いバス旅を終え、セントジュリアンには着いたのは、午後9時半過ぎでした。バスは番号だけでなく、行先も確認すべし。この一件で、まさに肝に銘じたことです。

バス停はいつも同じ場所にあらず

イースターのプロセッション（行進）を見に、ラバトまで行くことにしました。スタートは午後5時30分。２０２番バスでラバトに向かいます。この路線は1時間に1本。とても便利とはいえない運航状況なので、早め早めに行動しなければなりません。このころ私はスリーマのホームステイ先に滞在していて、マルタでの暮らしにも慣れ、島内のあちこちをバスで移動できるようになっていました。ラバトへもバスで来たことがあったので、様子はわかっています。4時過ぎにスリーマを出発し、混雑もトラブルもなく、45分ほどで到着しました。滞在先での8時の夕食

に間に合うようにと、**ラバトのバス停**で帰りの時刻表をチェックしておきます。午後7時発に乗れば、よさそうです。ラバト発なので、ほぼ時間通りに出発するであろうことも予測できました。

午後6時50分、イエス像に続く行列ははまだラバトの通りを練り歩いています。マーチングバンドの音楽も高らかに響き、沿道に集った人たちもプロセッションの様子をじっと見つめるなか、後ろ髪をひかれる思いでバス停へ。ちょうど東の空が暗くなり始めていました。バス停でバス待ちしている人は私一人。まだプロセッションの途中だからでしょう。しかし、7時になってもバスは来ません。5分が過ぎ、10分が過ぎ。さすがにおかしいと思いはじめて……。ちょうど、交通整理していた警官が近くにいたので、声をかけます。

「バスが来ないんですけど」

「乗り場はあっちだよ」

警官の指さすほうを見てびっくり。バス停が移動していたのです。今日はプロセッションがあるから、臨時にそこから出発するのだとか。地元の人にとっては知っていて当然のことなのかもしれませんが、観光客にとっては、寝耳に水。時間に合わせて行動していた私にとっても、予想すらできなかったことでした。せめて、いつものバス停に張り紙のひとつでもあれば……。次のバスは8時発。待つしかありません。プロセッション見学を途中で切り上げてまでバス停に向かっていたのに、この結果です。やれやれ。バス停のベンチに重い腰をおろすと同時に、声がかかりました。「どこまで行くの?」

202番のバスを待っている観光客でした。彼女もプロセッションを見に来た帰りだとか。バ

ラバトのバス停
普段はイムディーナの城壁の外、公園と接するミュージアム通りにある。ここからラバト発のバスが出る。

ス停がわからず、やっとここにたどり着いたのも、私とまったく同じでした。そんな話をしながら、彼女は、かばんの中をごそごそしたかと思うと、「どうぞ」と、オレンジを差し出したのです。のどが渇いていたところだっただけに、ありがたいおすそ分けでした。さらに、マルタ観光についての情報交換に話がはずみます。誰かと一緒なら、バス待ちの時間も苦にならないのかもしません。40分ほどして、やっとバスが到着。隣同士で座り、さらにおしゃべりが続きます。彼女はスウェーデンのヨーデボリ出身です。冬が厳しい国で暮らす彼女にとって、マルタは楽園。様々なハプニングも帳消しにするほど、魅力あふれる島だと熱く語ってくれました。

バス停が移動していたうえ、なんの案内もなかったことを腹立たしく感じ、さらに1時間に1本のバスにイライラ。もちろん、夕食の時間にも間に合いませんでした。しかし、その待ち時間が意外な展開に。マルタから遠く離れた国から来た彼女とは、こんなきっかけでもなければ、おそらく出会わなかったことでしょう。明朝、帰国の途につく彼女にとって、今夜はマルタの最後の夜。この旅が素敵な思い出になりますように。

ドライバーに頼んでいても……

こうしたバスをめぐる状況は、ゴゾ島もほぼ同様。マルタ島以上に本数が少ないルートが多いという点で、さらに注意が必要です。**ヴィクトリア**から３０５番のバスでサナット方面へ行くことになりました。乗車の際、ドライバーに行先を記したメモを見せながら尋ねます。

「ここへ行きたいんですが、どのバス停で降りたらいいですか」

ヴィクトリア
ゴゾ島のバスターミナル。島のほぼ中央に位置し、全路線バスの発着点。

「〇△◎×□」

「（バス停名が聞き取れなかった！）着いたら、知らせてもらえませんか」とお願いし、後部座席に座りました。サナットは今回が初訪問。しかも、この番号のバスに乗るのも初めてです。土地勘もないうえ、バスルートもよくわかっていなかったので、頼んでおくことにしたのです。ヴィクトリアから5分も走れば、ゴゾ島ののどかな田園風景が広がります。風が強いものの、天候は良好。バスは点在するいくつかの村をつないでいるようで、車窓からの景色を楽しんでいました。そろそろサナットでしょうか。バス停の表示が気になり始めていました。同じ村の中でも、いくつかのバス停があるようなので、まだ先なのかもしれません。最寄りのバス停が来たら、バスの運転手が知らせてくれるはず。そう思って、安心していたのですが。しばらくすると、そこに広がっていたのは、見覚えのある場所、「あれ、ここは？」やがてバスが止まったのは……。どうやら降りそびれて、出発地点に戻って来てしまったのです。

「降りるバス停、知らせてほしいって頼みましたよね」

「ほかに考えることがあって、忘れた」

「？？（忘れた？）」

「俺はガイドじゃないし」

「（そりゃぁ、そうでしょうけど）着いたら教えるって言ってたんじゃ……」

「人間だから、忘れることもある」

「（えっ、開き直る気！）じゃあ、どうすれば……」

サナット村のバス停付近

「次のバスに乗ればいい」

「（わー、また出た。マルタ流対処法！）次のバスは何時ですか？」

「2時35分」

305番は1時間に1本のみ。バスを使って移動するなら、さらに30分以上待たなければなりません。ドライバーに頼んでいたとはいえ、安心しきって景色を楽しんだりせず、「まだですか」などと、彼に声かけするべきだったのか、などと思い直してみたところで、時すでに遅し。やり場のない思いが、空回りするばかり。気持ちも時間ももてあまし、仕方なくヴィクトリアの町を歩くことにしました。バス停の先、聖フランシス広場は、カフェやレストランでくつろぐ人たちがいっぱい。のんびりお茶したり、おしゃべりしたり。「何をそうあくせくしているのだ」と言われているような気がしてきます。

聖フランシス教会の横、入口に4～5歳くらいの女の子が立っていました。彼女は私を目で誘い、部屋の中へと促します。中にあったのは、イエスの生涯を描いたミニチュアの展示。イースターの時期に、教会や家庭で飾られ、皆で復活を祝うものです。女の子はミニチュアの前に立って、私に英語で説明を始めました。「これはイエスが誕生したところ、これは最後の晩餐、これは十字架にかけられたところ」。そして、さらにこう付け加えました。「これ、ぜーんぶ、お父さんが飾ったのよ」。きっとお父さんが大好きなのでしょう。そして、それを私に伝えたかったのでしょう。自慢の父を語る姿が愛らしく、思わずこちらまで顔がほころびます。

ゴゾの風景、ゴゾの空気。この島の日常の姿に、いつしか私の心も落ち着いていました。

ゴゾ島、聖フランシス広場。バスターミナルはすぐそば

狭いマルタ、そんなに急いでどこへ行く

毎日のように起こるバスのトラブルやハプニング。それらはあくまで、私にとっての、という条件付きのできごとですが、乗り間違えたり、降りそびれたりと、とりわけ慣れないうちはミスだらけでした。そのたびに、やり場のない感情を持て余し、不機嫌になったのです。時間通りに動き、頻繁に行き来する東京と同じような交通機関の利便性や、親切で丁寧な案内やサービスをマルタに求めたところで、そもそも無理な話です。私一人がイライラしている横で、多くの乗客は、いつ来るともわからないバスをじっと待っています。そう、バスは必ず、「そのうち来る」のですから。しかしながら、予期せぬ多くの出会いがあったのはバスのおかげ。バス停で声をかけたり、かけられたりしたのはもちろんのこと、たまたま同じバスに乗り合わせた乗客と話がはずんだことも、一度や二度ではありません。

マルタに滞在して2週間ほどたったころ。語学学校への登校の道すがら、隣のクラスで学んでいたロシア人学生とばったり会い、一緒に歩いて学校へ向かいました。「マルタの交通事情って、ひどいと思わない?」という私の質問に、同意してくれるとばかり思っていたのですが、彼は意外な答えを返してきたのです。「ロシアに比べたら、ずっといい」。私はロシアへは行ったことがなく、現地の交通事情についても、まったく知りません。しかし、これだけははっきり自覚しました。自分の物差しだけで決めつけてはいけないと。

バスをめぐるエピソードはつきることがないようです。今となっては、すべてが忘れられない思い出。私の中の当り前と向き合う貴重な経験でした。

❖タクシー――便利？　快適？　上手に利用して効率よく回る

マルタで**タクシー**を利用する場合、**タクシースタンド**に行き、そこで客待ちをしている車に乗るか、ネットや電話で呼ぶかのいずれかになります。スタンドから乗る場合、行先の**エリアごとに料金**が決まっているので、表示されている金額を払えばOK。問題なのは、**タクシーを呼ぶと**き。マルタのタクシーには料金メーターがないのです。距離などに合わせて、だいたいの相場は決まっているのですが、時と場合によって多少の差があり、個別に交渉しなければなりません。

かねてから参加したいと思っていたワインテイスティングツアー。事前の情報収集が足りず、週に1回だけしかないことを知ったのが、開催日当日でした。友人にタクシーを呼んでもらい、急いで向かうことに。行先はマルサにあるワイン工場。滞在先のグジーラから時間にして10～15分、料金は12～13ユーロと聞いていました。念のため、住所を記した書類をドライバーに見せ、あわてて乗り込みます。「オーライ」という返事とともに、彼は勢いよくアクセルをふかしました。

ヴァレッタから近い場所にも関わらず、初めて見る景色が続きます。しばらくして、タクシーが止まったのは……。な、なんと、コカ・コーラ工場！　ドライバー曰く、私が持っていた書類の住所が違っているのだと。「そんなはずがない！」　ドライバーに見せたのは、観光案内所で入手したものだったからです。しかし、彼はこの住所がおかしいと繰り返すばかり。そのときの私は、この書類だけが頼りで、それ以上の情報は持ち合わせていませんでした。あわてて他の情報をチェックしている間に、ドライバーがワイン工場に直接電話で尋ねてくれ、ようやくその場所がわかったのです。さらに走ること2～3分。なんとかたどり着くことができました。タクシー

タクシー　バスに比べるとかなり割高だが、荷物が多いときや時間を有効に使いたいときなどに便利。1日や半日などのチャーターも可能（値段は要交渉）。

タクシースタンド　空港、ヴァレッタ、セントジュリアンなどにある。

エリアごとの料金設定　空港からセントジュリアンもしくはスリーマまでは20ユーロ。空港からヴァレッタまでは15ユーロ。

メーターの代わりに使っているのでしょうか、ドライバーが私のほうへスマホの画面を見せます。表示された金額は、16・5ユーロ。道に迷った分、時間も距離もかかったからだと説明しました。それほどの差がなかったような気もするのですが、この状況では言われた通りに払うしかありません。むしろ釈然としなかったのは、入手した情報が違っていたことでした。

この一件、まだ続きがあるのです。ワイン工場に到着した後、迷ってコカ・コーラ工場へ行ってしまったと受付スタッフに事情を説明。住所を教えてもらってショックを受けました。書類に書かれていた通りだったのです。ドライバーがわざと迷ったふりのしたのかしら。だとしたら、妙に手の込んだ芝居です。この場所はマルサとパオラの境目あたりなので、混乱しやすいらしいのですが。そもそもタクシーを呼んだとき、このワイン工場の名前を伝えていました。だとしたら、ドライバーとして、行先はチェックしておくべきなのでは？　住所や地図など、すぐに検索できる時代なのですから。私が持っていた書類があっているか間違っているかという問題ではなかったのではないか、そんな気もしてきました。すべては、私がきちんと確認しておけば済む話だったのだけれど。いずれにせよ、後味の悪さだけが残りました。

よきにつけ、悪しきにつけ、タクシーというのは、その国のリアルな実情を映し出しています。ドライバーと乗客の駆け引き、予想外のハプニング、車内での会話……。映画やドラマのネタにされるゆえんでしょう。いつでもどこでも、誰に対しても同じ料金とサービス。そんな当たり前に慣れている私たちにとって、マルタでも問題なくタクシーを利用するのは、意外にハードルが高いのかもしれません。まさに確認と事前交渉がカギ。言葉が鍛えられる場とも言えそうです。

タクシーを呼ぶには　ホテルやレストランからなら、頼めば手配してくれる。電話もしくはインターネットから予約も可能。www.ecabs.com.mt

❖ホップオン・ホップオフバス――乗り降り自由、観光客向けの便利なバス

島内の主要な観光名所をつないでいる旅行者向けの**観光バス**です。ルート内のバス停のどこでも乗り降り自由。効率よく回れるのはもちろん、オープントップの2階建てバスなので、移動途中の景色も存分に楽しめます。初めてのマルタの旅、滞在2日目。サウスルートに乗って、観光してみることにしました。なにせ昨日マルタに着いたばかり。島のどこに何があるかを体感するには、このバスがてっとり早いだろうと考えたからです。また、日曜日の今日、マルサシュロックで開かれるフィッシュマーケットを見てみたいというのも、その理由でした。

ヴァレッタからこのバスを利用することにしました。乗車時、直接バスドライバーに料金を払い、音声ガイド用のイヤホンを受け取ります。2階へ上がってみると、すでにほぼ満席。日曜日とあって、観光客が多いようです。なんとかひとつ席を確保すると同時に、バスは勢いよく走り出しました。音声ガイドは16言語で対応。日本語での案内に設定しました。

ヴァレッタを後にし、グランドハーバーを左手に見ながら進みます。まぶしい太陽、ここちよい風。スリーシティーズエリアは、複雑に入り組んだ入り江が、ダイナミックな海の景色を作り、本当に素敵！　ようやく「ああ、マルタに来たんだ！」と実感しました。バスは、カルカーラを抜けると南下し、マルサシュロックへ向かいます。そろそろかなと思っていたころ、いきなりバスが停車。すると、ドライバーからのアナウンスが入り、「少し休みましょう」とのこと。「えっ、途中休憩なんてあるの？」　よく見ると、バスはちょうどミニスーパーの前で止まっているではありませんか。ドライバーはすでに下車して、店内に入っていきます。時刻は12時を回り、お昼

観光バス（ホップオン・ホップオフバス）　マルタ島にはサウスルートとノースルートの2コース、ゴゾ島には1コース。マルタ島のサウスルートは、スリーマからヴァレッタを経て、スリーシティーズ、マルサシュロック、ブルーグロットなどの島内南部を、ノースルートは、モスタ、イムディーナ、ゴールデンベイ、ブジッバなど北側エリアを巡る。

どき。ドライバーも一息入れたかったのかもしれません。乗客も降り始め、私もその列に続きました。10分ほど休憩したあと、再びバスは動き始め、マルサシュロックに到着。フィッシュマーケットを見学したり、お昼ご飯を食べたりして、2時間ほど過ごしました。

次なる観光名所、ブルーグロットへ。このあたりまで来ると、景色がさらにダイナミック。急な坂道の下、一面青い海が広がります。ここで降りようかどうしようか。かなりの数の乗客はここで下車。でも、できればゆっくり見学したい。それに、帰りのバスの時間も気になるし……。迷ったあげく、そのまま乗り続けることに。この時間、さらに陽が眩しく、風が強くなってきていました。しかもバスは猛スピードで駆け抜けて行きます。2階席はダイレクトに風を受け続け、しばらくすると体が冷えてくるほど。通り沿いからは石垣やサボテンが目立ち、家畜の姿も見られるなど、さらにのんびりムードが漂うエリア。ヴァレッタやセントジュリアンとは、まったく異なる島の顔です。バスの終点、スリーマで下車。ちょうど4時になっていました。

乗り込んだ時点で11時過ぎていたこともあり、結局下車したのは、マルサシュロックのみ。ホップオン・ホップオフバスを利用する際は、朝早くからスタートするのが賢明なようです。観光する時間も考慮に入れ、2~3か所にしぼってまわるのがいいかもしれません。

教会の鐘が響く町に暮らして
宗教（カトリック）

「今晩の夕食はピザでいい？」　ホームステイを始めて6日目の朝。ホストマザーのリリーさんがこう私に尋ねました。家族行事でもあるのかしら。それとも何かのイベント？　すると、彼女から予想外の答えが返ってきました。「7時過ぎには出かけるの。教会のミサがあるから」

マルタはカトリックの国。リリーさんも熱心な信者のひとりで、毎週土曜の夜は、ミサに行っているらしいのです。マルタには、一年間毎日違う教会に行っても、まわりきれないほどの数があると言われていますが、なんとリリーさん宅の右隣も教会。規模は小さいながらも、毎日ミサも行っています。まさに、お隣さんに遊びに行く気分でひょいと行き来ができるのです。彼女は、ミサの時間に間に合うように教会へ行きたかったのでしょう。その日は早めに夕食を終え、食事のあと、私も教会へ連れて行ってもらうことになりました。

リリーさんは専業主婦。夫のリノさんと2人暮らしです。子供は3人。すでに孫も4人います。同居はしていませんが、皆近くに住んでいるのか、しょっちゅうやって来ます。今日は9歳のジャベくんが登場。彼もミサにお伴します。午後7時をまわると、教会に人が集まり始めます。その多くは、近所の人たちのようですが、中には車で通って来る人も。ミサが始まる午後7時半には、ほぼ満席状態。年配の人たちだけでなく、若い世代や子供の姿も見受けられます。

ミサが始まり、まずは聖歌から。「えっ、伴奏がギター？」　私の中の聖歌のイメージといえば

リリーさん宅。ホーリーウィークは2階の窓辺に十字架を飾っていた

オルガン。その音色に合わせて、厳かに歌うものだと思っていました。しかも、ポップス調にアレンジされている！　1時間あまりに及ぶミサの間、流れた歌は合計12曲。手拍子とともにノリのいい曲あり、かけあいバーションあり、曲調もバラエティ豊かです。もちろん、神父さんがお説教したり、お祈りをしたりという時間もありましたが、**教会内で使用される言語**はマルタ語オンリーなので、私にはチンプンカンプン。その意味でも、聖歌タイムに体が反応し、強く印象に残ったのかもしれません。隣に座っているジャベくんは、途中10分ほど別室へ呼ばれました。子供向けのお説教か何かがあったようです。その後、すぐに元の席に戻って来て、再びお祈りを始めます。退屈しないだろうかというこちらの心配をよそに、9歳にして、りっぱな信者のふるまい。マルタの子供たちにとって、教会は大切な学びの場となっているようでした。

私が暮らしていた部屋は、リリーさん宅の2階の一間。滞在中、朝に夕に、隣の教会から歌声が聞こえてきました。「あっ、ミサの時間になった！」と、まるで時計がわりになるくらい。隣の教会とは別々の建物ではなく、石の壁を隔てた棟続きの造りで、かなりダイレクトに響いてきたのです。仕事や勉強の手を止め、思わず聞き入ってしまうこともありました。壁伝いに聞こえてくる教会音楽、信者たちの歌声。あの日のミサの様子とともに、記憶に残る思い出のひとつです。

プロセッション初体験の夜

クリスマスはイエス・キリストが誕生した最も喜ばしい日。マルタもまたお祝いムードに包まれます。それに勝るとも劣らない重要な意味を持つのが、キリストの復活を祝うイースター。マ

教会内で使用される言語　基本はマルタ語。ミサの曜日や時間帯などによっては、英語など他の言語で行っている教会もある。

ルタにおいても数日間にわたって、特別なミサ、関連する宗教イベントなどが繰り広げられます。「今夜、近くの教会でプロセッションがあるの。ヒロミも行く?」朝食のとき、リリーさんから声がかかりました。もちろん行きます。行きたいです。「だったら、夕食は帰ってからね」

リリーさんと歩いて教会へ。といっても、今日はお隣ではなく、ビルキルカーラにある**パーリッシュチャーチ**。午後6時ちょうどに着いたときには、大勢の信者たちが祈っていました。ミサの終了とともに、ざわつき始めた人たち。そして、奥からマリア像の登場です。男性数人が、像がしつらえてある台座を肩に担ぎ、マリア像を教会の外へと連れ出し、プロセッションが始まりました。先頭を行くマリア像。信者たちが皆、その後に続きます。リリーさんの横で、私も一緒に行進の群れの中へ。ゆっくり歩いては止まり、歩いては止まりの繰り返し。担ぎ手は男性だけで、6〜8人ずつで一体を運んでいます。かなりの重さなのでしょうか。途中途中で肩からおろして立ち止まるため、行進の群れも、そのつど歩みを止めるのです、町中のあちこちに備え付けられたスピーカーから大音量で流れる音楽、祈りの言葉。信者たちは、それに反応するかのように、お祈りしたり、十字を切ったりしながら、町を練り歩きます。お年寄り、若いカップル、子供の手をひく家族連れなど性別も年齢もさまざまです。さらに驚いたのは、行進する人の数。付近の住民が一人残らずここに集っているのではないかと思えるほど、その列が長く大きく膨れ上がっていくのです。担がれたマリア像は、月あかりに照らされ、ひときわ輝いて見えました。

この日は、**悲しみの聖母の日**。その名の通り、処刑されるイエスを憂えるマリアが主役。私がマルタで初めてプロセッションを体験した日となりました。

パーリッシュチャーチ　教区教会。地域の中心的な教会で規模も大きい。

悲しみの聖母の日(Our Lady of Sorrows Day)
ホーリーウィーク(イエス・キリストの受難、死、復活を称えた一連の宗教儀式を行う時期)の始まりとされる。

教会あっての宗教音楽。この雰囲気でこそ聴きたい！

復活祭の1週間前の日曜日。朝早いフェリーに乗り、ゴゾ島へ向かいました。目指すは、ゴゾ大聖堂。ホーリーウィークの宗教行事があると聞いたからです。午前10時前、大聖堂に到着。ちょうど教会前の入り口付近で、何やらセレモニーが始まりました。鮮やかな赤いコスチュームに独特なシェイプのかぶりものを身に着けた聖職者たち。上衣の下から除く白い衣装の裾や袖には、レースが顔をのぞかせます。その多くは年配の男性のよう。その横で彼らをサポートする若い男性たちは、白×黒の衣装で登場。手にしているのはシュロでしょうか。今日はイエスのエルサレム入城を記念したシュロの日曜日。エルサレムに向かうイエスを歓迎するために、信者が道にシュロの葉を敷き詰めたことから、その名がついたと言われています。

ミサが始まるようです。信者に続き、私も聖堂内へ。カメラをしまって、静かに腰をおろしました。司祭の挨拶、説教、さらに信者代表のスピーチなど、一連の儀式が進みますが、ここでもすべてマルタ語。言葉がわかれば、もう少し理解できることもあるのに残念です。ミサの終盤、数十人の子供たちが登場し、列をなして合唱隊が歌い始めると……。思わず体中が反応！「こ、この曲は、モーツァルトの『アヴェ・ヴェルム・コルプス』では？」数あるモーツァルトの作品の中でも、特に好きな曲のひとつ。これまで何度もコンサートやCDで聴いています。しかし、教会内で聴いたのは初めてのこと。体に、心に、響いてくる何か。厳かで、そしてなんと美しい！教会音楽とはこういうものだったのか。その素晴らしさを初めて実感したのです。どんなに音響設計が行き届いたコンサートホールも、教会のこの雰囲気には、かなわないと。

シュロの日曜日
シュロはヤシのことを指す。いわれはヨハネ福音書から。写真はシュロの日曜日の儀式。ゴゾ大聖堂にて

教会巡りで賑わうヴァレッタの夜

その翌週の木曜日は、**洗足の木曜日**と呼ばれる日。マルタではこの日の夜、7つの教会を訪問するという習慣があるとか。私もヴァレッタへ繰り出すと、聖ヨハネ大聖堂は信者たちでごった返していました。どんどんやって来ては、祈りを捧げ、また去って行くのです。今夜の目標は7つですから、次々に巡らないと回り切れないのでしょう。ふと見ると、出入りする人の群れの中に、日本の高校生数人の姿がありました。案内していた日本人ガイドさんによると、カトリック系の高校に通う生徒たちで、ホーリーウィーク時期に合わせて、マルタを訪ねたそうです。この教会、この光景、日本の高校生にどう映るのかしら。

大混雑は聖ヨハネ大聖堂に限ったことではありませんでした。他の教会もすべて、信者たちでいっぱい。教会内の装飾や展示なども、この時期に合わせて準備したもののようです。イエスの像や十字架が、いつにも増してリアルに迫ってきます。その裏にある物語とともに、圧倒的な力を持って信者の心に働きかけているもの。ほんのかけらではあるけれど、私にも響いてくる気がします。熱気と興奮に包まれたヴァレッタ。昼間は観光客が詰めかけますが、夜は閑散とした空気に包まれるのがいつもの姿なのに。レストランもカフェも、今夜は時間を延長して営業しています。テイクアウトオンリーの小さなピザ屋さんも、パンやお菓子を売る屋台も大忙し。皆7つも回るのですから、途中で一息入れたくもなるというものでしょう。

それにしても、教会の多さにびっくり。大きなドーム屋根を持つ**カーマライト教会**は、ヴァレッタのランドマークにもなっている教会です。**勝利の聖母教会**は、騎士団によってヴァレッタの町

洗足の木曜日
(Maundy Thursday)
イエス・キリストが最後の晩餐の席で弟子たちの足を洗ったことから、その名がついたと言われている。

カーマライト教会
(Carmelite Church)

勝利の聖母教会
(Church of Our Lady of Victories)

造りが始まったとき、最初に建設された教会。聖パウロの難破の史実を記念した教会、**聖パウロ難破教会**も由緒ある教会のひとつです。ミサの時間以外はその門を閉ざしている教会もあり、普段はそれと気づかない場所にも、小さな教会があったりします。今夜はすべてオープンし、皆が出たり入ったり。私も7つに挑戦、と思いましたが、5つめでギブアップ。教会の存在感と信者のパワーに押されながら、帰路につきました。

半旗ひるがえるマルタ。嘆き、悲しみ、喪に服す日

グッドフライデーは、イエス・キリストが処刑された日。マルタでは、学校も会社もお休みで、お店のほとんどが休業します。この日、いくつかの教会でプロセッションがあると聞き、そのひとつであるモスタを訪ねました。午後4時過ぎにモスタ到着。いつもと違って、バスは教会の近くまで行かず、少し手前で降ろされました。人の流れにのって、**モスタドーム**を目指します。

プロセッションは、午後5時半から始まりました。そのころになると、教会のまわりは、人、人、人。これぞまさに、黒山の人だかり。人の波をかき分けながら、写真が撮れそうな場所を探すのですが、あまりの数で、身動きがとれません。「もっと早くに場所を確保しておけばよかった」とおろおろするばかり。仕方なく、人の頭ごしにカメラを構えつつ様子を見ていると、横にいたおじさんが声をかけてきました。「どこから来たの？」と。マルタ人でした。

そうこうしているうちにも、キリストの像が次々と登場。男性数人でそれを担ぎながら前へ進みます。十字架を背負っていたり、はりつけにされていたりと、**受難の物語**を再現しているよう

聖パウロ難破教会
(St. Paul's Shipwreck Church)

グッドフライデー
聖金曜日。教会歴上、最も厳粛な日とされる。

モスタドーム
モスタにあるドーム屋根を持つ教区教会。ドーム天井には先の大戦で受けた空爆の跡があるが、信者を守ったことで知られている。

です。それらの像が運ばれる前後には、さまざまな衣装を身に着けた人たちもいっしょに行進。中には、白いマスクをかぶり、裸足に鎖をつけて引きずりながら歩く人の姿も。なんだか異様な雰囲気です。行進を導くマーチングバンドは、終始重く悲しいメロディーを奏でています。前にいた観客が動いたタイミングで、「ほら、ここここ！」とおじさんが場所をあけてくれました。そろそろ帰ろうかと思っていたところだったのですが。人ごみの中で1時間以上も立ちっぱなし。それに、陽もかげり、肌寒くなってきていたのです。お礼を言って立ち去ろうとしたら、「もう2つあるから、見たほうがいいよ」とのアドバイス。行進するキリストの像がまだ残っているのでしょう。親切なおじさんの言葉に促されて、もう少しねばってみることにしました。2時間近く続いたプロセッション。結局、最後まで見続けました。行進したイエスの像は全部で10体ほど。時間をかけて練り歩いたあと、重々しく教会内へと戻って行きました。帰りがけ、静けさを取り戻した教会をゆっくり眺めます。ライトアップされたモスタドームの輝くような美しさ！

この日、信者は肉や魚、甘いものを絶ち、たばこやアルコール類も口にしないとか。マルタ十字も半旗に変わり、教会の鐘も鳴りません。国中が喪に服す、そんな雰囲気のマルタでした。

グッドフライデーの翌日は、商店なども再び営業し、普通の日に戻ります。イエス・キリスト不在の日ですが、カトリックでは、日が暮れたあとに復活するとされています。そのため、日没後は、再び教会内の灯りをともすなど、復活に向けた行事が進められます。

イースターは、これまでとはうってかわって歓喜に満ちた一日。教会の内外が鮮やかな色で包まれ、鐘の音が響き渡り、お祝いムード一色に。朝早くからミサが始まり、おもだった教会では、

受難の物語　聖書の記述にもとづき再現されたイエス・キリストやマリアの像などが運ばれる。

復活を祝うプロセッションが行われます。信者たちは家族と昼食をとったり、プレゼントを交換したりします。イースターエッグのほか、**フィゴッラ**という練り菓子が、店頭に並びます。

人はなぜ祈るのか。その問いの重さを感じて

国民の大多数がカトリック信者の国マルタ。教会の数、関連する行事の多さに、誰もが驚かされることでしょう。日々の暮らしの中に、宗教が深く入りこんでいるのを実感します。ときに目に見える形で、ときにそうでないものとして。通りの角々には、りっぱなキリストやマリア、守護聖人の像。また、各家庭の玄関先や窓辺にも、彼らが飾られているのを目にします。「いつでもどこでも見ているのだよ」と言わんばかりに。そうは言うものの、以前に比べ、若い世代などを中心に教会に行かない人やカトリックの教えに懐疑的な人も出てきているとか。今は可能となりましたが、カトリックの教えにのっとり、近年までマルタで離婚はできませんでした。人工中絶は今でも禁止されていて、必要な人は海外で手術を受けているそうです。

語学学校でちょうど宗教が話題にのぼったことがありました。同じクラスの若いドイツ人男性は、「マルタ人は熱心な信者ではないよ。教会に行って、ただ歌っているだけ」と言ったのです。そして、こう続けました。「教会には行かないけれど、僕は僕のやりかたで神に祈っているんだ」

宗教とは何か、祈るとは何を意味するのか。いつ、どこで、誰に、何を、どのように、そして、なぜ？　普段およそ気にも留めなかった私が、マルタでの暮らしの中で投げかけられた重いテーマでした。

フィゴッラ（figolla）　砕いたアーモンドを入れたクッキーをアイシングで覆った練り菓子。

バイリンガルは当たり前

ことば

「マルタ人の**英語**って、なまってないの?」 これは、何人かの日本人に受けた質問です。この答えは、イエス&ノー。もちろんいます、マルタなまりの英語を話す人が。その癖が強い人は幾分聴きづらいですが、コミュニケーションが取れない、ということはありませんでした。そもそも、何をもって「なまっている」というのでしょうか。英語はイギリス人やアメリカ人の専売特許ではありません。世界中の人が、お互いにやりとりするために使っている言葉のひとつ。まして非英語母語話者は、後天的に学んだ言語なのですから、それぞれの母語の癖があっても不思議ではないでしょう。マルタの場合、英語はれっきとした公用語。旅をするにも生活をするにも、英語がわかれば、まったく不自由なく過ごせます。多少のなまりも、ご愛敬ですね。

お世話になったホストファミリーのひとつ、リリーさん宅。家族で交わされるのは、マルタ語ですが、私と話すときは英語です。彼らの孫たちも、皆バイリンガル。おじいちゃんやおばあちゃんとなのか、私となのか、誰に話しかけるかによって、完璧に使い分けていました。さらに、リリーさんはイタリア語も堪能。毎夕放送されるイタリアのドラマを楽しみに見ていました。彼女の場合、字幕も吹き替えも不要。せりふのイタリア語をそのまま聴いて、笑ったり、涙したりしていました。マルタで彼女のような人は、決して珍しくありません。マルタ語、英語、イタリア語の3つというのが最も多いようですが、それ以外の言語ができる人も。なにせ、人口の4倍以

ことば マルタの公用語はマルタ語と英語。

英語 学校にもよるが、一般的には小学校から英語での授業を実施。英語オンリーの学校とマルタ語と英語の両言語を取り入れている学校とがある。

上もの数の観光客が訪れる国ですから、普段から外国人と接する機会も多いのでしょう。地中海の真ん中に位置するという地理的条件も、多くのマルチリンガルを生む土壌なのかもしれません。残念ながら、日本語ができるマルタ人はごくごくわずか。マルタ大学では、仕事帰りに日本語を学べるクラスも開講されていて、皆熱心に学んでいました。今後に期待したいところです。

では、マルタ語とは、どんな言葉なのでしょうか。構造や語彙など、基本的にはアラビア語の仲間。さらに、イタリア語、フランス語などのヨーロッパ言語の影響も受けているハイブリッド言語です。アラビア文字は使わず、むしろアルファベットに近いのですが、Hに横線が入ったようなものや、アクセント記号がついたような文字も含まれています。書き文字として表記はしても、**サイレントになるケース**などもあり、発音はかなり難しいようです。もっとも、日本語母語話者にとっては、どの外国語の発音も難しいですが。

「おはよう」にあたる言葉は、ボンジュ（Bongu）、「ありがとう」はグラッツィ（Grazzi）、「はい」はイーヴァ（Iva）、「いいえ」はレ（Le）。マルタ語での別れの挨拶もあるようですが、チャオ（Chao）をよく使っていました。英語で相槌を打つときなどに使われるuhhuhは、一音節目を高く、二音節目を低く発音するのがマルタ的。さらによく耳にしたのは、メッラ（Mela）という言葉です。これは、「大丈夫だ」「もちろん」「ええーと」など、文脈によっていろいろな意味を表せる便利な言葉のようで、何かといえばメッラメッラ。それにしても、マルタ語を使っているのは、この小さな島国マルタだけ。歴史的にも地理的にも、よくも悪くも、外からの影響がこれだけ大きいというのに、よくぞここまで独自の言語を守り続けてきましたね。あっぱれ、マルタ語！

サイレントになるケース　たとえば、Ta'Qali はQを読まず、タ・アーリと発音する。

通り名はマルタ語、もしくはマルタ語と英語が併記されている

マルタストーンとバルコニーのコンビネーション

住宅事情と暮らし

マルタの建築物の多くは、マルタストーンと呼ばれるはちみつ色の石灰岩でできています。その色とコントラストをなすのが、ドアとバルコニー。緑、赤、青などの鮮やかな色で、道行く人の目を楽しませてくれます。出窓のようなバルコニーは、木枠にガラスをはめ込んだもの。かつて外出を制限されていた女性たちが、この窓から道行く人や家のまわりを眺めていたのだとか。その役割は終えたとはいうものの、壁面にバルコニーがずらりと並ぶ姿は、今もマルタ独特の景観を生み出しています。見つけて楽しいのは、**ドアノッカー**。ライオン、ドルフィン、タツノオトシゴを模したものなど、それぞれの家庭のこだわりが感じられます。それにしても、みんなそのドアをピタリとクローズ。たとえ暑い日であったとしても、玄関ドアを開けっ放しにしている家は、まずありませんでした。玄関横に、マリアやキリスト像を飾っている家が多いのもマルタらしいところ。日本の表札にあたるものもあるのですが、名前というよりニックネームかと思うような家庭も。町歩きをしていたあるとき、アベ・マリアという名前の家を見つけました。

一般的に入口は狭いのですが、たいていの家は、かなり奥行きがあります。細長い形状なので、明かりを取る工夫として、中庭や裏庭を設置。内装は、マルタストーンを生かしながら、部分的に大理石などを組み合わせたりする家庭が多いようです。ちなみに、マルタストーンは、**夏にはひんやり**として好都合なのですが、**冬は結構冷える**のです。私が滞在した家庭では、肌寒い夜な

ドアノッカー
ベルとしての役割というより、ドアの装飾的なものとなっている。

夏はひんやり
夏の暑さが厳しいマルタでは、マルタストーンを機能的に取り入れることによって、室内の涼を取る工夫がなされている。

冬は結構冷える
年にもよるが、12月中旬くらいから3月中旬くらいまで、日中は暖かい日もあるが、夜は10度以下に冷え込むこともある。

どには小型の電気ストーブを貸してくれましたが、特に暖房器具を置いていない家庭もあるようです。寒さに弱い方や冷え性の方は、フリースやストールなどをお忘れなく。

マルタでは**家の購入後、かなり手を入れなければならない**ようです。建物自体古いものが多く、安全で快適に暮らせるようにするには、それなりに時間も労力も、そして資金も必要です。リリーさん宅は、古く荒れていた家だったため、大幅にリノベーションしたり、裏庭を整えたりと、思うようにできあがるまで1年近くもかかったそうです。その甲斐あって、今は本当に素敵なおうち。花が好きなリリーさんは、玄関先にも裏庭にも色とりどりの花を植え、鳥が好きなリノさんは、裏庭に鳥小屋まで作り、小鳥やニワトリを育てているのです。リリーさん自身が家の掃除をするだけでなく、時々お手伝いさんも頼んでいるようで、家の中はいつもピカピカに磨かれていました。たまたまかもしれませんが、私が滞在した何軒かの家庭はみな動物好きで、犬、猫、鳥など何かしらのペットと同居していました。

トラブルナンバーワンは水まわり

マルタの暮らしで悩ましかったことのひとつは、水まわりの問題でした。ホームステイ先、レジデンス、シェアアパートなどはもちろんのこと、**ホテルでも問題が生じる**ことも。滞在先に着いたら、まずは水まわりに問題がないかチェックすることをおすすめします。トイレは水圧が低く、流れにくいケースが多々あります。いったん流してしまうと、タンクに水がたまるまで、しばらく待たなければならないのもやっかいです。また、うまく流すのにコツがあったりもします。

購入後の手入れ
物件購入者がメンテナンスを含むリノベーションを行うのが一般的。

次に、お風呂です。マルタはバスタブがなく、シャワーだけというバスルームも多いようです。高級ホテルなら別でしょうが、ホームステイ先、レジデンスなどは、ほぼシャワーのみです。私が経験した複数の滞在先は、バスルーム内の上部に給湯タンクを設置していました。シャワーの20～30分前に、スイッチを入れてお湯を沸かし、終わったあとは切るようにとの指示。普段からこのスイッチを入れていた家庭は、一軒もありませんでした。この点においては、ちょっと意識すればすむ話ですが、問題なのはその量。この**タンクが小さく、すぐ空になってしまう**のです。タンク内のお湯を使い切ってしまえば、シャワーホースから出てくるのは、水のみ。夏ならそれでも問題ないかもしれませんが、どうしてもお湯が使いたい場合は、上手にコントロールしなければなりません。慣れないうちは、突然水に変わるのではないかとひやひやしながら、慌ててシャワーをしたものです。また、一人がめいっぱい使い切ると、次の人は、再びお湯が沸くまで待たなければなりません。複数の人が使うシャワールームは、後の人への気遣いも大切です。このタンク式給湯器を使っている友人の家族は、皆それぞれが異なる時間にシャワーを浴びることで調整していると、話してくれました。

マルタには川がなく、水は主に海水をろ過して供給されています。水道水がほんの少し、しょっぱいのはそのためです。洗面、シャワー、ウォシュレットに至るまで、いつでもどこでも、誰に遠慮することなく、水やお湯が使える暮らしは、どれほど贅沢なことでしょう。「湯水のように使う」という表現は、決してマルタでは生まれないのです。

ホテルでも問題が生じる 一般的に星の数が少ないほどリスクが大きくなる。部屋によることもあるので、まずは確認を。

すぐに空になるタンク レバーで水量を調節するなどの工夫が必要。もともと水の出が少ないシャワーや蛇口も多い。

さらに深刻なマルタの問題とは？

もっとびっくりしたのは郵便です。２０１６年12月、お世話になったホストファミリーに日本からエアメールを郵送。クリスマスには、まだ3週間ほどあったころでした。その翌年の2月、再びマルタへ行き、そのホストファミリー宅へ。話題がクリスマスになったとき、思い出したように、ホストマザーが言いました。「そういえば、ヒロミからのクリスマスカード、先週届いたわ」。

その後マルタの郵便事情を知って愕然としました。こうしたハプニング、私だけではないのだとか。マルタから日本へ送る場合はそうでもないらしいのですが、日本からマルタへの郵便が問題。驚くほど時間がかかるそうです。それにしても、郵送してから3か月以上。どこをさまよっていたのでしょう。クリスマスまでに届くからクリスマスカードであって、2月に届いてもねぇ。

郵便局の営業時間にも要注意。午後から行っても、ほぼクローズ状態と思っていたほうがいいようです。季節や日程（あるいは局員のやる気？）によっても、変わるのかもしれません。空港や一部の観光地などでは、もう少し遅くまで対応しているところもありますが。

マルタから日本への帰国時、リア空港でのことです。日本の友人二人に絵葉書を送ろうと郵便局へ立寄りました。切手がほしかったからです。窓口に着いたとき、午後4時前でしたが、幸いにも開いていました。「**0・86ユーロ**切手を2枚ください」。と、それまでに送ったことがあったので、必要な額の切手を求めたのです。

「ないね。０・８６ユーロの切手は」

「エアメールで日本へ送りたいんですけど」と絵葉書を差し出して尋ねます。すると、彼が出し

郵便局の営業時間
公式には、月～金7：30～16：00土8：00～12：00？郵便局の場所などによっても違うため、現地で確認のこと。

0・86ユーロ
日本までエアメールで郵送した場合、20gまでの料金。

てきたのが、何枚かの切手。

「今は、それしかないから。2・24ユーロね」

驚きました。手渡されたのが細かい額の6枚の切手。しかも、2枚分以上の金額です。まさか1枚の葉書に3枚も切手を貼ることになるなんて思ってもみなかったので、なんだかバランスも変。それに、わずかな金額とはいえ、余分に支払うことになろうとは。国際空港内にある郵便局が、このありさまです。思わず、日本語で口にしそうになりました。「君ら、やる気あるの?」

語学学校でマルタの郵便が話題になったとき、マルタ人の先生が使ったキーワードは、Hopeless(絶望的)。他の話題なら、これまでマルタ寄りの発言をしたこともあった先生ですが、こと郵便に関しては、はっきりきっぱり、そう言い切ったのです。マルタ人をして、そう言わしめるマルタの郵便事情。なぜこんなことになるのか、まだ答えは見つかっていません。

一瞬のスキを狙われる怖さ。常にご注意を!

とあるスーパーマーケットで、その事件は起きました。マルタの通貨はユーロで、**コインは8種類**。私は小銭を小さな財布に入れて、お札やカード類とは別に持ち歩いていました。スーパーの店内を一巡りし、必要なものをかごに入れてレジの近くへ。バッグから小銭入れを取り出し、中をチェックすると、全部で7ユーロちょっと。今日の分なら小銭で払えそうです。お昼どきだったからか、どのレジも混雑状態。一番手前のレジの列に並びます。私のすぐ前にいた女性が、足元にかごを置いたまま、一瞬列から離れました。買い忘れた物に気づいたのだろうと思い、気に

その後の郵便状況
2018年12月初旬、マルタへ郵送したクリスマスカードが12月末に届いていたことを確認。配達事情が改善されたのか、たまたまなのかは不明。

8種類のコイン
1セント、2セント、5セント、10セント、20セント、50セント、1ユーロ、2ユーロの8種類。

留めずそのまま待っていると、すぐに列に戻ってきました。と、その時。同じ列で私の後ろに並んでいた女性が、私に聞いてきました。「赤い財布、持ってたわよね」。確かに、私の小銭入れは赤色でした。なぜそんなことを、と怪訝に思いながら、バッグにしまったはずの小銭入れを取り出そうとすると……。ない！　小銭入れがない！　さっきまで手にしていたのに、なぜ？　どうして？　一気にパニックになった私。さらに後ろの女性の発言に仰天！「あなた、財布をとったでしょ！」彼女は、私の前に並んでいた買い物客に向かって言ったのです。「見てたわよ。返しなさいよ！」と。なぜ私の財布が？　見てたって、どういうこと？　でも、私の手元に小銭入れがないことだけは確かなこと。前の女性は「知らない！」と言うのですが、後ろの女性も譲りません。「じゃあ、あなたのバッグ、開けて見せなさい！」と。しかし、それを無視する前の女性。おろおろしている私をはさんで、二人の女性がガチンコ勝負！　結局、前の女性が観念して、かばんの中身をレジ台の上にぶちまけたのです。すると、びっくり！　私の赤い小銭入れが！　なぜ私の手元から消えたのか？　落としたのか？　すられたのか？　声をかけてくれた彼女は、警官でもなんでもなく、普通の買い物客のひとりです。

　何度もお礼を言って、その小銭入れで支払いを済ませ、あわてて店を出ました。その後しばらくは唖然呆然。近くのベンチにへたり込みました。自分の不注意、不甲斐なさにがっくり。気をつけていたつもりだったのに……。彼女らがマルタ人だったかどうかはよくわかりません。ともかくにも、勇気ある言動、ありがたい救いの手をさしのべてくれた女性に感謝！　やっぱり、マルタには神様がいるのですね。

猫スポットがいっぱい。愛くるしいネコたちに出会えるしあわせ

マルタのニャン

マルタを歩いていると、島内のあちこちで猫の姿を見かけます。それもそのはず。はっきりとした数は公表されていませんが、その数70万匹以上とか。島民43万人に対して、猫のほうが圧倒的に多いのです。たいていの猫は、人なつこく、愛敬たっぷり。むこうからすり寄ってきてくれる子も珍しくありません。そんな猫たちに会うために、わざわざマルタを訪れる人もいるほど。まさに、猫好きにはたまらない魅力的な島なのです。

セントジュリアンにある**キャットヴィレッジ**は、知る人ぞ知る猫スポットのひとつ。住宅街の一角に、猫のためだけに作られたハウスや遊び場があり、大勢の猫がここで暮らしています。そこへひとりの女性が登場。と同時に、一斉に動き出し、声をあげる猫たち。朝ご飯を持ってきてくれたからです。ここにいた猫はもちろん、ご近所へお出かけしていた（?）猫たちも集合。えさや水を準備するのも待ちきれない様子で、彼女の足元にまとわりついてきます。朝晩の食事はもちろん、去勢や病気の世話など、このあたりに暮らす60匹ほどの面倒を見ているとか。

夕刻、ヴァレッタのバスターミナル近くを歩いていたときのこと。車が止まったかと思うと、2人の若い男性が車から降り、何やら手にしてこちらのほうへ向かってきます。「何だろう?」と一瞬身構えていたら、私のそばをすり抜け、背後にあるフェンスのほうへ。普段、人が出入りするような場所ではないだけに、なにやら怪しげ。気になって囲いの中をそっと覗いてみると、

キャットヴィレッジ セントジュリアン・カヴァリエリホテル前、通り沿いの一角。

そこには猫の群れ！　男性たちはえさをやりに来ていたのです。何人かの持ち回りではあるようですが、毎日車で通って来ているとか。残念ながら、この様子が確認できたのは、２０１６年３月。２０１７年に再訪したとき、この場所はなくなっていました。あのとき、えさに群がっていた猫たちはいったいどこへ行ったのかしら。その後、何度もこの前を通りましたが、猫たちにも、世話をする人たちにも会うことはありませんでした。

スリーマからセントジュリアンへ向かう海沿いの通りを行くと、カラフルで巨大な猫のモニュメントが目に飛び込んできます。これは、マルタの彫刻家マシュー・バンドルフィーノのアート作品。バックに広がる海の景色と合わせて、思わず記念の1枚を撮りたくなる場所でしょう。この猫の像の下には、インディペンデンスガーデンと呼ばれる海沿いの公園と散策路が続き、多くの猫が暮らしています。ベンチやハウスでお休み中の猫のほか、じゃれあっていたり、パトロールしていたりと、猫それぞれ。私も何度となく足を運び、猫たちに会いに行きました。

いつものようにカメラを携え、このあたりをうろうろしていると、ここでも猫の世話をしている女性に出会いました。大きな荷物と掃除道具を持って、猫たちがたまっている場所へ向かいます。まずは、猫たちの様子をチェック。さらに、まわりのごみを集め、ベンチの下の床などを掃除します。もちろん、えさや水も与えるのですが、えさの種類を変えたり、病気の猫には薬を入れたりするなど、猫に合わせたケアをしているようです。公園内にある何か所かの猫の居場所を動き回り、てきぱきと作業を進めていた彼女は、スリーマに住むオランダ人。マルタで仕事をしながら、猫の世話をするボランティアに加わっていると話してくれました。

ボランティアが支える猫の保護活動

オルミには、**キャット・サンクチュアリ**と呼ばれる猫のための施設があります。野良猫を保護するだけでなく、事情があって飼えなくなった猫を預かるなども行っていて、その数２６０匹ほど。いくつかの部屋に分かれている屋内は、特にケアが必要な猫たちが集められているところ。足をひきずったり、耳がかみちぎられたりしているほか、目が不自由だったり、耳が聞こえなかったりする子もいます。さらには、ＨＩＶ感染猫も数匹。他の猫と混じらないよう、隔離された部屋で保護されていました。屋外にあるのは、猫のための広場や遊び場。広々としたスペースに、数多くの猫たちがのんびりと思い思いに過ごしていました。

長年、この施設で猫の世話をしているのは、イングロットさん。水曜日を除く午前中、スリーマの自宅からここに通って来ています。この施設は、１９９５年に運営開始。主に寄付で資金を工面しながら、活動はボランティアで支えられているそうです。彼も20年以上にわたり、猫と関わってきました。その理由を尋ねると、「猫が好きだから」という実にシンプルな答え。猫を見つけると世話をせずにいられないのが、猫好きの証。マルタ国内のみならず、海外からもボランティアの申し出があるそうで、近年、日本から来島するツアーも出始めています。私が訪ねた日、男性ひとりが手伝いに来ていました。イングロットさんに指示された仕事を黙々とこなしています。がっしりとした体つきの寡黙な男性で、彼も猫が好きでボランティアとして加わっているのだと思っていたのですが……。

その日の猫の世話を終え、イングロットさん、その男性、私の３人がイングロットさんの車に

キャット・サンクチュアリ
（National Cat Society Tomasina Cat Sanctuary）
tomasinasanctuary.org　写真はイングロットさんに甘えるニャン

乗り、保護施設を後にしました。しばらく走ったあと、見慣れない建物の前で車を止め、その男性が下車します。不思議に思って、イングロットさんに訊いてみました。「ここはどこなんですか」

「パオラ・プリズン」

なんと、彼は囚人だったのです。イングロットさんによると、盗みか何かの軽犯罪で捕まり、現在服役中。社会奉仕の一環で、キャット・サンクチュアリの手伝いをしているのだそう。真面目できちんと仕事をしてくれるから助かっているのだと言います。それにしても、塀の外。監視もつかない状態で、大丈夫なのかしら。彼が塀の中に入ったのを確認したあと、イングロットさんは出入口にいた係員に、今日の報告書を手渡します。イングロットさんは、猫のみならず、人間の面倒までみているようでした。

マルタには猫がいっぱい。公園で、通りで、家屋や店舗の軒先で猫に出会えます。海辺では、釣り糸を垂れる人のそばに、ちょこんと座っている猫の姿が見えるのも、マルタならではの風景でしょう。釣り人が連れてきた飼い猫なのか、通りすがりの猫なのか。我慢強く、そのおこぼれを待っている姿は実にキュートです。そして、猫たちを愛し、世話をするマルタの人たち。飼い猫も野良猫もわけへだてなく、えさをやったり、かわいがったりする人がそこここにいるのです。そんな環境の中で暮らしているからなのか、人間との距離がとても近い感じがします。私にとって、思わぬハプニングやトラブルもあったマルタの暮らしに、海や町の景色に溶け込む愛らしい猫たちにどれほど救われたことでしょう。

生まれ変われるなら、今度はマルタの猫になりたいな。

おわりに

3度目にマルタ入りしたときのことでした。リア空港での入国審査の際、女性の審査官がパスポートをチェックしながら、こう言いました。「去年もおとこしもマルタに来たわよね」

ちょうど渡航前、以前のものが期限切れを迎えたので、真新しいパスポートで入国。旅券番号も変わり、押されたスタンプは成田出国のひとつだけでしたが、私の過去の渡航記録を照合したうえでの発言だと理解しました。マルタに何度も来るなんて、怪しいと思ったのかしら。ドキドキしながら立っていると、審査官はさらに続けました。「あなた、マルタが好きなの？」予想外の質問に一瞬たじろぎましたが、正直に答えました。「はい、とても好きです」と。さらにびっくりしたのはそのあと。私にパスポートを返すとき、彼女はにっこりしながら、こう言ったのです。「お誕生日おめでとう」

マルタに入国したのは、誕生日の3日前。もちろん、データでそれを確認してのことでしょう。ビジネスで観光であるいは留学で、私はこれまで多くの国に渡航してきました。その中で、誕生日前というタイミングで旅したケースはかなり限られますが、今までこのような経験は一度もありません。入国審査官に誕生日のお祝いの言葉をもらうなんて……。

滞在中、こんなこともありました。朝一番の取材でヴァレッタの某博物館へ。開館時間の9時回ってもドアは閉まったまま。入口でじっと待つこと15分。さらに別の日。ヴィットリオーザのとある博物館に着いたのが、4時半少し前。あわてて駆け込むと、今日は終わりと言われてがっくり。おろおろしているのを見かねてか、なぐさめたつもりの一言が、「明日来ればいい」

そう、これもマルタ、それもマルタ。

マルタの歴史をさかのぼるたびに気づかされます。かつて、どれほど他民族に、他国に攻撃され、侵略され、収奪されたことかと。人の心を揺り動かすほどの景色とひきかえに、常に外から敵を運んで来たのがこの海なのです。マルタ島南部、ビルゼブジャの海沿いには冷戦終結記念碑が立っています。駐車する車の影に隠れて、なんだか気の毒なくらい地味な存在。しかしながら、マルタのみならず、全世界へ重要なメッセージを発している石碑です。私たちがのんびりここで過ごせるのも、この平和があってこそ。

マルタを旅して得た情報を、マルタに暮らして体験したできごとを、多くの人に伝えたいと奔走すること3年。そのほとんどは島内を走る路線バスを使ってひとりでまわり、取材撮影したものです。そのため、先の体験のような残念な状況で出直さざるを得なかったり、一度では情報を集めきれず何度も通ったりと、随分時間がかかりました。その一方で、思わぬ出会いがあり、いろいろな角度からマルタを見つめることができたと思っています。もちろん、マルタ観光局はじめ、マルタ人、マルタ在住日本人の方々のご協力があってのこと。折々に貴重な情報をいただきました。改めてここにお礼申し上げます。また、素敵な本にまとめてくださった彩流社の出口綾子さんのご尽力にも、深く感謝申し上げます。

地中海に浮かぶこの小さな島国が、平和の象徴、私たちの楽園であり続けることを願って。

２０１９年3月　　伊藤ひろみ

冷戦終結祈念碑

◎著者プロフィール

伊藤《いとう》 ひろみ

出版社での編集者勤務を経てフリーに。世界30か国以上を旅し、航空会社の機内誌、フリーペーパーなどに紀行文やエッセイを執筆。2016年に初めてマルタ共和国を旅して以来、すっかりマルタファンに。魅力的な島の景色、歴史的スケールの大きさ、外国人に寛容な社会など、小さな島でありながら、その奥深さに惹かれ、島内各地をめぐり取材・撮影した。立教大学大学院文学研究科修士課程修了。日本旅行作家協会会員。

＊協力＝マルタ観光局

マルタ——地中海楽園《ちちゅうかいらくえん》ガイド

2019年3月30日　初版第一刷

編著者　伊藤ひろみ ©2019

発行者　竹内淳夫

発行所　株式会社 彩流社

〒102-0071 東京都千代田区富士見2-2-2
電話　03-3234-5931
FAX　03-3234-5932
http://www.sairyusha.co.jp/

編　集　出口綾子

装　丁　渡辺将史

印刷　モリモト印刷株式会社

製本　株式会社難波製本

Printed in Japan　ISBN978-4-7791-2571-3 C0026

定価はカバーに表示してあります。乱丁・落丁本はお取り替えいたします。

本書は日本出版著作権協会（JPCA）が委託管理する著作物です。
複写（コピー）・複製、その他著作物の利用については、事前に JPCA（電話03-3812-9424、e-mail:info@jpca.jp.net）の許諾を得て下さい。なお、無断でのコピー・スキャン・デジタル化等の複製は著作権法上での例外を除き、著作権法違反となります。

彩流社の好評既刊本

ウズベキスタン・ガイド
4-7791-2222-4（16 年 05 月）

シルクロードの青いきらめき　萩野矢 慶記 写真・文

シルクロードの要所として栄えた中央アジアの最大国家。東西の文化が交差し、宗教・文化に独特の魅力があり世界遺産も多い。モスクや廟の青いタイルが大空のブルーと溶け合って放つ夢のような青いきらめきをあますところなく伝える。　A5 判並製 2200 ＋税

パタゴニア、アンデス、アマゾン 大自然ガイド
さかぐちとおる 著　4-7791-2542-3（19 年 02 月）

広大な氷河が広がるパタゴニア、世界最長の山脈・アンデス、世界最大の瀑布・イグアスの滝群、大河アマゾンの周辺に広がる巨大密林…地球を代表する広大な大自然を、エコツーリズムの理念に即して保存された場所に限定して一挙紹介。　A5 判並製 2000 ＋税

ミャンマーからラオスへ 古タイ族と出会う山岳回廊
4-7791-2508-9（18年08月）

桑野 淳一 著

麻薬地帯の代名詞としてかつて「黄金の三角地帯」と言われた地域は、旅好きあこがれのルート。タイ在住の著者が、現地の人に近い日常感覚で歩いたからこそ伝えられる、シンプルであることがぜいたくな魅惑のアジア最奥エリア。　A5 判並製 2200 ＋税

ダイドー・ブガ
4-7791-1787-9（12 年 05 月）

北ビルマ、カチン州の天地人原景　吉田敏浩 写真・文

広大な森のなかで真に豊かに生きられる、人間の原点ともいえる場がここにある。国家に管理されず、自給自足的に暮らす人びとが、なぜ、闘わざるを得ないのか。激動するビルマ（ミャンマー）で、生き抜こうとする少数民族の写真集。　A5 判並製 2300 円＋税

ラテンアメリカ鉄道の旅
4-7791-1900-2（13 年 06 月）

さかぐちとおる 著

大自然を走る列車から貨物路線の無断使用による簡易鉄道まで。世界遺産、先住民の暮らし、街並み、食事に酒…音楽や舞踊を体感しながら中南米の鉄道を網羅して各地を巡り歩く陸路の旅。有名所だけじゃない未知なる世界へ　A5 判並製 2200 ＋税

キューバ音楽を歩く旅
4-7791-2266-8（16 年 11 月）

さかぐちとおる 著

キューバに通い、サルサやルンバを踊るほどラテン音楽に陶酔し精通した著者が、各地に根付く郷土音楽と舞踊、著名な音楽奏者の紹介、約 20 年をかけて各地で見聴きした体験や観光名所、政治情勢と国民の生活ぶりまでを綴る。　A5 判並製 2000 ＋税